つまみ

お酒はもちろん
白いごはんにも
ぴったり合う
パパッと作れて
おいしいつまみ
113

飛田和緒

はじめに

毎晩ごはんを食べながら、一杯飲むのが楽しみ。育った家では、毎晩のようにお客さんが一緒に食卓を囲んでいたので、ごはんのおかず＝酒のつまみが普通でした。子どもの頃から、ふきみそをごはんにのせて食べている隣で、父とお客さんがふきみそで日本酒を飲んでいる。そんな食生活でしたから、今でも私の中では、おかずとつまみに線引きがありません。

夫はここ20年ほど、麦焼酎一辺倒。私はというと性格なのか、2～3年周期でワイン、焼酎、日本酒、ビールをくり返し。そんなわけで、うちではお酒でつまみを決める、というしゃれたことにはならず、どんなつまみにもいつものお酒を注ぐことになる。それが家飲みのいいところ、と勝手なことを思っているのです。

人が集まる時も同じ。それぞれが飲みたいものを持ち寄り、もう慣れたメンバーの時には、買い出しから一緒に行って、その日に手に入った魚や野菜でささっとつまみを作る。あれこれ食材を組み合わせることなく、シンプルに作れば、あっという間に何品かでき上がり。もちろん飲みながら！

そんなパパッとできて、身近な食材で作るつまみばかりを、ぎゅっとこの一冊に詰め込みました。さあ、今夜はシャンパンでも飲もうかな。原稿を書きながら飲みたいと思うなんて、初めてのことです。

飛田和緒

もくじ

【1章】 肉で

- 8　カリカリ豚肉のせキャベツ
- 9　ゆで豚のピリ辛だれ
- 10　肉のり天ぷら
- 11　串カツ
- 12　鶏肉のゆずこしょうマリネ焼き
- 13　ゆで鶏の薬味だれあえ
- 14　名古屋風手羽先揚げ
- 15　焼きとり
- 16　つまみギョウザ
- 17　ハムカツ
- 18　スペアリブの甘辛煮
- 20　牛たたき
- 21　牛すき煮
- 22　牛すじ煮込み 肉じゃが風
- 23　レバにら炒め
- 24　もつ煮
- 26　ラムのスパイス焼き
- 27　コンビーフと里いものグラタン

【2章】 魚で

- 30　たこのから揚げ
- 31　たことじゃがいものケッパー混ぜ
- 32　いかのにんにくバター焼き
- 33　いかげそのワタ焼き
- 34　えびのマヨネーズ炒め
- 35　ほたての梅春巻き
- 36　づけまぐろ
- 37　かつおのたたき
- 38　あじの刺身 みそだれ
- 39　あじの酢じめ
- 40　サーモンの大根巻き
- 41　白身魚のカルパッチョ
- 42　あさりの酒蒸し
- 43　はまぐり焼き エスカルゴ風
- 44　たらこの薬味あえ
- 45　れんこんの明太クリーム
- 46　干物のおろしあえ
- 47　干物の素揚げ
- 48　じゃこピーナッツ
- 49　めざしのオリーブオイル焼き
- 50　かにサラダ
- 51　揚げかまぼこのサラダ
- 52　焼きはんぺん
- 53　ちくわきゅうり

【3章】 野菜で

- 58　ふかしじゃがいも サワークリーム添え
- 59　ジャーマンポテト
- 60　フライドポテト
- 61　マッシュポテトのサラミ、生ハムのせ
- 62　せん切りキャベツのおかか、のり、ごまのせ
- 63　ちぎりキャベツ
- 64　たたききゅうりのごまラー油あえ
- 65　ピーマンの丸ごと蒸し焼き
- 66　蒸しなす
- 67　なすのはさみフライ
- 68　ゴーヤチャンプルー
- 69　オクラのカレーフリット
- 70　枝豆しょうゆ漬け
- 71　クルトン入りバターコーン炒め
- 72　焼きそら豆
- 73　青豆の白あえ
- 74　トマトとわかめのにんにくごまオイル
- 75　トマトのだし漬け／トマトらっきょう

76	ルッコラとカリカリベーコンのサラダ
77	ロメインレタスのサラダ
78	セロリとさきいかのあえもの
79	もやし炒め
80	玉ねぎのソテー おかかじょうゆ
81	オニオンスライス
82	えのきベーコン
83	しいたけバター焼き
84	アボカド、かいわれ、のりのわさびあえ
85	かぶとセロリの塩昆布あえ
86	長いものステーキ
87	とろろ磯辺揚げ
88	大根おろしのなめこあえ
89	ふろふき大根
90	れんこんといかの梅あえ
91	れんこん、水菜、じゃこの だしじょうゆ漬け
92	白菜の中華風甘酢漬け
93	ごぼうチップス
94	せん切り野菜とザーサイのサラダ
95	春菊のサラダ
96	野菜のかき揚げ

【4章】 豆腐・大豆製品で

102	豆腐ステーキ
103	豆腐とわかめのコチュジャンあえ
104	豆腐入りお好み焼き
105	豆腐から作る油揚げ
106	揚げ出し豆腐
108	油揚げの玉ねぎみそチーズ焼き
109	あぶり厚揚げのねぎのせ
110	たくあん、まぐろ、黄身のせ納豆
111	納豆チヂミ

【5章】 卵・チーズで

114	ゆで卵のアンチョビ、ツナ、サルサソースのせ
115	ニース風サラダ
116	厚焼き卵
117	スパニッシュオムレツ
118	みそのせチーズ／のりチーズ／りんごチーズ
119	チーズのオイル漬け
120	焼きカマンベール
121	そばチーズ

【6章】 お酒のあとの〆(しめ)

122	焼きおむすびとねぎみそ汁
124	鮭茶漬け
125	鶏にゅうめん
126	ザーサイ、ねぎのせラーメン
127	ひじきスパゲッティ

コラム

54	ディップいろいろ
	ツナのディップ
	ハムのディップ
	きのこのディップ
98	つまみトースト
	しらすトースト
	ガーリックトースト
	キムチチーズトースト

この本での約束ごと
◎ 1カップは200㎖、大さじ1は15㎖、小さじ1は5㎖です。
◎ 「だし汁」は、昆布、かつお節、煮干しなどでとったものを使ってください。
◎ オリーブ油は「エキストラ・バージン・オリーブオイル」を使っています。

1章

肉で

　肉のつまみは、1品あればそれだけで大満足。
今夜のお酒が決まったら、さっぱり塩味、甘辛いしょうゆ味、
お酒に合う味を、肉と合わせていきます。
逆に今夜はギョウザと決めたら、
冷えたビールも一緒に頭の中に浮かんでくる。
肉のつまみは、はっきりとお相手が見えるものですね。
肉はほかの素材に比べると、火を通す時間がかかりますから、
日頃からたれを作り置く、すぐに揚げものができるように
ころもや油の用意をしておくと、手早く作れます。

肉のつまみで　>>>　（　　　　ビールと　　　　）　　　　>>>

名古屋風手羽先揚げ(p.14)に、
生のキャベツをどっさり添えて。

カリカリ豚肉のせキャベツ

材料（2人分）
豚薄切り肉（肩ロース）——150g
塩 —— 小さじ½
キャベツ —— 3〜4枚
トマト —— 小1個

作り方
1　豚肉は1cm幅に切って塩をもみ込み、30分ほどおく。キャベツは重ねて大きめに切り、トマトは小さめの角切りにする。
2　フライパンを何もひかずに熱し、豚肉を中火でカリカリになるまでじっくり焼き、脂が出たらキッチンペーパーでふきとる。器に盛ったキャベツにのせ、トマトを散らす。

メモ　キャベツに豚肉とトマトをのせて、手でがぶりと食べてください。豚肉をカリカリになるまでじっくり香ばしく焼くと、歯ごたえも出て、生野菜とよく合います。塩だけの味つけも、意外にいけます。

ゆで豚のピリ辛だれ

材料（2人分）＊たれは作りやすい分量
豚バラ薄切り肉（しゃぶしゃぶ用）── 100g
きゅうり ── 1/2本
A ｛ 長ねぎ（みじん切り）── 1/3本
　　にんにく、しょうが（ともにみじん切り）
　　　── 各1かけ
B ｛ しょうゆ ── 大さじ1
　　白すりごま ── 小さじ2
　　赤唐辛子（みじん切り）── 1/2本
　　ラー油 ── 少々
ごま油 ── 大さじ2

作り方
1　フライパンにごま油を熱し、Aを弱火で香りが出るまでじっくり炒め、火を止めて粗熱をとり、Bを混ぜる。きゅうりはピーラーで縦に薄切りにする。
2　鍋に湯を沸かして火を止め、豚肉を1枚ずつ広げて入れ、肉の色が変わったらキッチンペーパーにのせて湯をきる。器にきゅうりとともに盛り、1のたれを適量かける。

ピリ辛だれ

メモ　薬味野菜入りのたれさえあれば、さっと作れるつまみのひとつ。豚肉は、グラグラ沸いた湯でゆでるとかたくなることがあるので、火を止めて、静かに熱湯にくぐらせてください。このたれは冷ややっこ、湯豆腐、野菜のあえもの、鍋のたれなどにも使えます。

肉のり天ぷら

材料（2人分／2個）
豚薄切り肉（ロース）—— 4枚
焼きのり（3切のもの）—— 2枚＊
エリンギ —— 小1本
万能ねぎ —— 4本
紅しょうが —— 大さじ2
A ｛ 市販の天ぷら粉 —— 大さじ3
　　水 —— 大さじ3弱
揚げ油 —— 適量
＊または、全形2/3枚分を縦半分に切る

作り方
1　エリンギはのりの幅に合わせて切り、細切りに、万能ねぎものりの幅に合わせて切る。
2　のり1枚に豚肉2枚を広げてのせ、1と汁けをきった紅しょうがをのせて端からきつめに巻き、巻き終わりを下にしておく。もう1個も同様に作る。
3　混ぜたAにくぐらせ、中温（170℃）の揚げ油でカラリと4〜5分揚げる。半分に切って器に盛る。

メモ　わが家ではこの天ぷらを「たこ焼き天」と呼んでいます。たこは入っていないのに、紅しょうがと青ねぎ、ころもの小麦粉の組み合わせが、たこ焼き味を生むのです。紅しょうがの味だけで食べられますが、どうしてもの足りない時は、だしじょうゆやポン酢じょうゆなどをほんの少したらしてください。

串カツ

材料（2人分／4本）
豚薄切り肉（肩ロース）── 8枚
青じそ ── 4枚
玉ねぎ ── 1/4個
塩、こしょう ── 各少々
A ｛ 市販の天ぷら粉 ── 大さじ4
　　 水 ── 大さじ4弱
パン粉、揚げ油、とんかつソース
　── 各適量

作り方
1　豚肉は広げて縦に2枚ずつ並べて長さを倍にし、塩、こしょうをふり、半分に切った青じそ2切れをのせて端からくるくる巻き、半分に切る。玉ねぎは4等分のくし形に切る。
2　竹串に1の豚肉、玉ねぎ、豚肉の順に刺し、これを4本作る。混ぜたA、パン粉の順にころもをつけ、中温（170℃）の揚げ油でこんがりと4～5分揚げる。ソースをかけて食べる。

メモ　肉はとんかつ用のものを使ってもいいし、レシピのように薄切り肉2枚を長く並べて巻いてもよし。揚げると甘みが出る玉ねぎを合わせるのが好きです。レシピでは、肉を巻いてから半分に切りましたが、肉の幅や大きさによっては、切らずにそのまま刺して作ってください。ソースは、好みのもので。しょうゆも合います。練りがらしをつけても。

鶏肉のゆずこしょうマリネ焼き

材料（2人分）
鶏もも肉 —— 1枚（250g）
塩 —— 小さじ¾
ゆずこしょう —— 小さじ½〜1
オリーブ油 —— 大さじ1

作り方
1　鶏肉は全体に塩をふり、身側（皮でないほう）にゆずこしょうを塗り、オリーブ油をかけて30分ほどおく。
2　フライパンを何もひかずに熱し、1を皮目から中火でじっくり7〜8分焼く。こんがり焼き色がついたら裏返し、2〜3分焼いて中まで火を通し、食べやすく切って器に盛る。

メモ　鶏肉はフライパンに皮目から入れ、皮をパリッと香ばしく焼くのがコツ。ここで肉に七分くらい火を通し、裏返してから完全に火を通します。

ゆで鶏の薬味だれあえ

材料（2人分）
鶏むね肉 —— 小1枚 (150g)
A ┌ 玉ねぎ（みじん切り）—— 1/3個
　├ 長ねぎ（みじん切り）—— 10cm
　├ しょうが（みじん切り）—— 1かけ
　├ 万能ねぎ（小口切り）—— 3本
　├ 酢、砂糖 —— 各大さじ2
　└ 塩 —— 少々
ごま油 —— 大さじ1

作り方
1　鶏肉は皮を除き、厚みを半分にするようにまん中から左右に切り込みを入れて開く。フライパンに入れてひたひたまで水を加え、ふたをして中火にかけ、煮立ったら火を止め、肉を裏返してそのまま冷ます。
2　Aはボウルに合わせ、30分ほどおく。
3　1を手で大きめにさき、2に加えてあえ、器に盛る。小鍋に入れてアツアツに熱したごま油をジュッとかける（はねるので注意）。

メモ　玉ねぎは甘酢と合わせてしばらくおくと、辛みが抜けます。作りたてはもちろん、味がしっかりしみてから食べてもおいしい。ゆで鶏は、ゆで汁につけて冷蔵室で2～3日保存可能。ゆで汁は、お酒の〆（しめ）の汁ものや、めんのスープとして使います。

名古屋風手羽先揚げ

材料（2人分）
鶏手羽先 —— 6本
塩 —— 小さじ½
A ┌ しょうゆ —— 大さじ2
　│ はちみつ（またはメープルシロップ）
　│ 　　　　 —— 小さじ2
　│ 砂糖 —— 小さじ1
　└ しょうが（すりおろす）—— 1かけ
揚げ油、白いりごま —— 各適量

作り方
1　手羽先は塩をすり込み、30分ほどおく。Aは大きめのボウルに合わせておく。
2　手羽先の水けをしっかりふき、中温（170℃）の揚げ油でカラリと4〜5分揚げ、油をきってすぐに1のたれにからめる。器に盛り、白ごまをふる。

メモ　骨つきの手羽先でなく、ひと口大に切った鶏もも肉でも。揚げたてをたれに素早くからめるのが、おいしく作るポイントです。一度でカリッとならなければ、二度揚げしてください。

焼きとり

材料（2人分）
- 焼きとり用串（鶏もも肉、レバー、砂肝など） ── 各2本
- グリーンアスパラ ── 2本
- ししとう ── 4本
- 塩 ── 少々
- A
  - みそ ── 大さじ1
  - にんにく（すりおろす） ── 少々

作り方
1　アスパラはししとうの長さに合わせて切り、ししとうとともに竹串2本に刺す。

2　焼く直前に焼きとりと1に塩をふり、串はこげないようにアルミホイルで包み、魚焼きグリルに並べ、弱めの中火で両面を8〜10分焼く。ホイルをはずして器に盛り、混ぜたAを添える。

 メモ　焼きとりは、つまんでみて肉がしまって、しっとりしていたら焼き上がり。途中で何度も返さずに、片面ずつじっくり焼きます。野菜は肉よりも早く焼けるので、しんなりして焼き色がついたら、途中で取り出して。このにんにくみそは、スティック野菜につけてもいいし、炒めものの味つけにも使えます。ほかに七味や一味唐辛子、ゆずこしょうなどをつけて食べても。

にんにくみそ

つまみギョウザ

材料（4人分／24個）
ギョウザの皮 —— 1袋（24枚）
豚ひき肉 —— 150g
玉ねぎ —— ½個
セロリ —— ⅓本
A ┌ ごま油 —— 小さじ2
　 │ ナンプラー（またはしょうゆ）、
　 │ 　片栗粉 —— 各小さじ1
　 └ 塩、こしょう —— 各少々
サラダ油 —— 大さじ1
レモン —— 適量

作り方
1　玉ねぎとセロリは粗みじんに切り、ひき肉、Aとともにボウルに入れ、手でよく練り混ぜる。ギョウザの皮に大さじ1ずつのせ、ふちに水をつけてひだを寄せて包む。
2　フライパンにサラダ油を熱し、1を並べて中火で焼き色をつけ、水¼カップを加えてふたをし、強めの中火で蒸し焼きにする。
3　水分がなくなったら、ふたをはずして水けをとばし、ごま油少々（分量外）をたらして底をカリッと焼く。レモンを添える。

メモ　玉ねぎとセロリで、香りのいいギョウザにします。白菜などの葉もの野菜を塩もみする必要はなし。切って混ぜて包むだけです。うちでは包みながら焼いて、ビールを飲むと決めています。酢じょうゆをつけるのではなく、肉だねにしっかりと味をつけて、レモンで食べます。

ハムカツ

材料（2人分／4枚）
ロースハム ── 4枚
A ｛ 市販の天ぷら粉 ── 大さじ3
　　 水 ── 大さじ3弱
パン粉、揚げ油、キャベツ（せん切り）、
　好みのソース ── 各適量

作り方
1　ハムは半分に切り、2切れずつ重ね、混ぜたA、パン粉の順にころもをつけ、中温（170℃）の揚げ油でこんがりと揚げる。
2　器にキャベツとともに盛り、ソースをかける。

メモ　ハムは高級なものでないほうが、このレシピには合うようです。ハムの切り方は、好みで。レシピでは半分に切りましたが、丸いままでもいいですし、4等分に切ってもいいです。中にチーズを入れたり、パセリやイタリアンパセリ、バジルをはさんでもおいしい。ハムが主役のようですが、実はパン粉のころもが主役でもあるので、ころものつきが悪かったり、しっとりしてしまった時には、もう一度天ぷら粉にくぐらせてパン粉を二度づけすると、パン粉がしっかり、たっぷりつきます。

スペアリブの甘辛煮

材料（作りやすい分量／4〜5人分）
豚スペアリブ ── 1kg＊
酒 ── 適量
砂糖、しょうゆ ── 各大さじ3
サラダ油 ── 少々
＊長い場合は、鍋の大きさに合わせて
お店で切ってもらう

作り方
1　厚手の鍋にサラダ油を熱し、スペアリブを入れて強めの中火で全体をこんがりと焼きつけ、脂が出たらキッチンペーパーでふきとる。
2　肉の高さの半分くらいまでの酒、ひたひたの水を加えてふたをし、煮立ったら弱めの中火で30〜40分煮、そのままひと晩冷ます。
3　脂が白く固まったら、スプーンでていねいに除く（a）。再び火にかけ、煮立ったら砂糖としょうゆを加え（b）、強めの中火でふたをしないで汁けがなくなるまで15分ほど煮詰める。さわると骨がはずれてしまうことがあるので、時々鍋をやさしく揺すって全体に味をなじませる。

(a)

(b)

メモ　スペアリブは時間をかけて煮るので、いつもやや多めに作ります。かかる時間は長いですが、手順はシンプル。黒酢大さじ1を煮上がりに加えてひと煮し、さっぱり仕上げてもおいしい。すくった豚の脂は、ラードとして保存し、野菜炒めやチャーハンに使ってください。

牛たたき

材料（作りやすい分量／5〜6人分）
牛ももかたまり肉 ── 300g
塩 ── 小さじ1
クレソン ── 1束
万能ねぎ ── 6本

作り方
1　牛肉は塩をすり込み、室温に30分ほどおく。クレソンは葉をつみ、万能ねぎは斜め薄切りにし、合わせて冷水につけてパリッとさせ、水けをきる。
2　フライパンを何もひかずに熱し、牛肉を入れ、中火ですべての面をこんがりと焼きつける。すぐにアルミホイルで全体を包み、粗熱がとれるまでおく。
3　2を薄切りにし、野菜と混ぜて器に盛る。

メモ　かたまり肉ではなく、厚めのステーキ肉で作っても。つけ合わせの野菜は好みですが、今回はお酒に合うように、ほろ苦さとやさしい辛みのあるものを合わせました。好みで、しょうゆをかけて食べても。

牛すき煮

材料（2人分）
牛切り落とし肉 —— 200g
長ねぎ（青い部分も） —— 1本
焼き麩 —— 小8個
砂糖、しょうゆ —— 各大さじ1½
だし汁 —— ½カップ
牛脂 —— 1かけ

作り方
1　長ねぎは5cm長さに切り、縦半分に切る。麩は水につけて戻し、水けを軽く絞る。
2　フライパンに牛脂を溶かし、牛肉を広げて入れ、中火で両面をさっと焼く。
3　砂糖、しょうゆの順に加えてからめ、フライパンの端に寄せ、1とだし汁を加えてさっと煮る。

メモ　野菜は、好みのもので。玉ねぎや春菊、にら、セロリなどもおすすめです。お麩は車麩でも。大きい車麩の場合は、半分か4等分に切って使います。このつまみが余った時には、次の日に卵とじにして、どんぶりごはんにのっけます。

牛すじ煮込み 肉じゃが風

材料（作りやすい分量／4〜5人分）
牛すじ肉 —— 450g
じゃがいも（メークイン）—— 4〜5個
酒 —— 1/4カップ
塩 —— 小さじ1
万能ねぎ（小口切り）、粗びき黒こしょう
　—— 各適量

作り方
1　鍋にすじ肉とたっぷりの水を入れて強めの中火にかけ、煮立ったらざるに上げ、水洗いしてアクや汚れを除く。
2　1を食べやすく切って鍋に戻し、酒とかぶるくらいの水を加えて火にかけ、煮立ったらふたをして弱火で40分ほど煮る。
3　肉がやわらかくなったら（写真下）、皮をむいたじゃがいもと塩を加え、いもがやわらかくなるまで煮る。器に盛って万能ねぎをのせ、黒こしょうをたっぷりふる。

メモ　すじ肉の煮汁は、それはそれはうまみたっぷり。ごはんにかけたり、うどんやおもちを入れて煮て、〆（しめ）にするのもおすすめです。味の決め手は、粗びき黒こしょう。つまみにする時も、〆の時にも、必ずふってくださいね。大根やかぶ、玉ねぎなど、ほかの野菜との組み合わせも、ぜひ試してください。

レバにら炒め

材料（2人分）
鶏レバー ── 200g
にら ── 1束
しょうが ── ½かけ
塩 ── 小さじ⅓
粗びき黒こしょう ── 少々
サラダ油 ── 小さじ2

作り方
1　レバーは流水で洗い、氷水に10分ほどつけて血合いや筋を除き、ひと口大に切ってキッチンペーパーにのせて水けをきる。にらは4cm長さに、しょうがはせん切りにする。
2　フライパンにサラダ油を熱し、レバーを中火でこんがりと焼きつけ、塩をふる。レバーに火が通ったら、にらとしょうがを加えてひと炒めし、黒こしょうをふる。

メモ　レバーが苦手な方は、砂肝などで作っても。レバーとにら、パンチのある味のもの同士の組み合わせで、お酒によく合います。レバーは焼きすぎると、かたくなるので注意して。箸ではさんでみて、しっかり固まっていたら火は通っています。

もつ煮

材料
(作りやすい分量／4〜5人分)
豚白もつ (下処理済みのもの)
　　── 300g
こんにゃく ── 1枚
大根 ── 10cm
だし汁 ── 3カップ
A ┌ みそ ── 大さじ2〜3
　├ 酒 ── 大さじ2
　├ しょうゆ ── 大さじ1
　└ 砂糖 ── 小さじ2
長ねぎ (小口切り)、七味唐辛子
　　── 各適量

作り方

1　もつは熱湯でさっとゆで、湯をきって水洗いする (生の場合はこれを3〜4回くり返し、アクや汚れを除く)。

2　こんにゃくは熱湯でさっとゆで、スプーンで小さめのひと口大にちぎる。大根は皮をむき、5mm幅のいちょう切りにする。

3　鍋に1とだし汁を入れ、ふたをして弱めの中火で30分ほど煮る。こんにゃくを加えてさらに20分ほど煮 (a)、大根とAを加え (b)、大根がやわらかくなったら、そのまま冷まして味をなじませる。

4　温め直して器に盛り、水にさらして水けをきった長ねぎをのせ、七味唐辛子をふる。

(a)

(b)

メモ
もつ煮はできたてよりも、ひと晩かふた晩くらい寝かせたほうが、味がよくなじんで、もつもよりやわらかくなっておいしい。大根のほか、じゃがいも、にんじんなど、野菜をたっぷりと入れて作っても。みその味や色によって仕上がりが違ってくるので、いろいろ試して、好みの味を見つけてください。

ラムのスパイス焼き

材料（2人分）
ラムチョップ — 6本
塩 — 小さじ1
にんにく（すりおろす） — 1かけ
コリアンダー（ホール） — 小さじ2
粗びき黒こしょう — 少々

作り方
1　コリアンダーは厚手のビニール袋に入れるか紙で包み、すりこ木などでたたいて粗くつぶす（または、すり鉢でつぶす）。
2　ラムは全体に塩とにんにくをすり込み、片面に1と黒こしょうをふり、20分ほどおく。
3　フライパン（またはグリルパン）を何もひかずに熱し、2をスパイスがついた面から中火で焼き、七分くらい火が通ったら裏返し、中まで火を通す。

メモ　コリアンダーが手に入らない時は、カレー粉や好みのスパイスで作ってみてください。ラムに脂が多くついていたら、包丁で少し切り落とすと、においもやわらいで食べやすくなります。ラムの焼き時間の目安は、合わせて5〜6分です。

コンビーフと里いものグラタン

材料（3～4人分／20×14.5×4cmの耐熱皿1枚）
コンビーフ —— 1缶（100g）
里いも —— 4～5個
生クリーム —— 大さじ6
ピザ用チーズ —— 40g

作り方
1　里いもは、皮つきのまま丸ごと竹串がすっと通るまで蒸し、皮をむいて7～8mm厚さの輪切りにする。
2　耐熱皿に1と軽くほぐしたコンビーフを交互に並べ、生クリームを回しかけてチーズをのせ、200℃に温めたオーブンで20分ほど焼く。クリームがグツグツして、チーズがこんがりと焼けたらでき上がり。

メモ　里いもは、皮つきのまま丸ごとラップで包んで電子レンジ（600W）で4～5分加熱するか、皮をむいてゆでてもいいです。コンビーフの味が濃いので、ほかに味つけはなし。里いもの代わりに、さつまいもや長いもでもおいしくできます。その場合は下ゆではせず、生のままコンビーフと重ねて焼いてください。好みで黒こしょうや、パセリのみじん切りをふっても。

2章

魚で

魚は火を通さなくても、生のままつまめるところが魅力。
海辺で暮らすようになってから、新鮮な魚が手に入るようになり、
刺身の出番が多くなりました。
そのせいからか、わさびとしょうゆだけではつまらなくなって、
味つけや薬味にひと工夫して、飽きないように。
まぐろのづけは、しょうゆに煮詰めた赤ワインを合わせることで、
あらまあ、深い赤ワインも合う合う。
なんてことを、日々台所で一杯やりながら考えているわけです。

魚のつまみで >>>　　（　　　　焼酎と　　　　）　　　　>>>

夫の大好物のちくわきゅうり（p.53）と、
枝豆しょうゆ漬け（p.70）。

たこのから揚げ

材料(2人分)
ゆでだこの足 —— 大1本(150g)
片栗粉、揚げ油 —— 各適量

作り方
1　たこはひと口大に切り、水けをしっかりふく。
2　片栗粉を全体にまぶし、中温(170℃)の揚げ油でカリッとするまでじっくり3〜4分揚げる。

メモ　たこは塩ゆでされているので、味つけはなしにしましたが、まず切ったものを食べてみて、味が薄かったら塩をふって揚げたり、または揚げてから塩をふっても。さっと揚げるだけだと、すぐに水けがしみ出てきて、ころもがしんなりすることもしばしば。なのでじっくり揚げて、ころもをカリッとさせます。

たことじゃがいものケッパー混ぜ

材料（2人分）
ゆでだこの足 —— 1本（120g）
じゃがいも —— 1個
ケッパー —— 小さじ山盛り1
A ┌ オリーブ油 —— 大さじ1
　├ 塩 —— ふたつまみ
　└ パセリ（みじん切り）—— 小さじ1
粗びき黒こしょう —— 少々

作り方
1　じゃがいもは、皮つきのまま丸ごと水から竹串がすっと通るまでゆで、熱いうちに皮をむいてざっくりつぶす。
2　たこは薄切りに、ケッパーは汁けをきって細かく刻む。
3　ボウルに1、2、Aを入れて混ぜ、器に盛って黒こしょうをふる。

メモ　ケッパーが、味のポイント。ケッパーの酸味と塩けが、たことじゃがいもの味を引き立ててくれます。まずたことケッパーの塩けを確認してから、塩、こしょうで味を調えると、失敗がありません。

いかのにんにくバター焼き

材料（2人分）
するめいかの胴 —— 1ぱい分
にんにく —— ½かけ
しょうゆ —— 少々
バター —— 大さじ1½

作り方
1　いかは皮つきのままひと口大の短冊に切り、にんにくは薄切にする。
2　フライパンにバターを溶かし、1を中火で炒め、いかがプリッとして火が通ったら、しょうゆをたらす。

メモ　するめいかは、胴はバター焼き、ワタと足はワタ焼きに。するめいか1ぱいで、さっとつまみが2品できます。ワタは新鮮なものでないと食べられないので、鮮度のよいものを買って、すぐに調理します。

いかげそのワタ焼き

材料（2人分）
するめいかの足 —— 1ぱい分
するめいかのワタ —— 1ぱい分
塩 —— ふたつまみ
酒 —— 大さじ1
サラダ油 —— 小さじ1

作り方
1　ワタは塩をふって10分ほどおき、2cm幅に切る。足は吸盤の軟骨を包丁の先でこそげとり、食べやすく切る。
2　フライパンにサラダ油を熱し、1を入れて酒をふり、中火でワタを全体にからめるようにして炒める。ワタに火が入って、とろりと足にからめばでき上がり。

メモ
いかは、ワタが大きいするめいかを選びます。いかの胴から足を引き抜きながら内臓を取り出し、内臓のうちの茶色いワタだけを使って、その外側の薄い膜でおおわれたすみ袋や、先端についている卵巣などは切り落とします。すみ袋は小さなものですが、破くとすみが広がり、やっかいです。ていねいに、そっとはずしてください。

えびのマヨネーズ炒め

材料（2〜3人分）
殻つきえび（ブラックタイガーなど）
　── 10尾
グリーンアスパラ ── 4本
A ｛ マヨネーズ、ケチャップ
　　 ── 各大さじ2
サラダ油 ── 小さじ2

作り方

1　アスパラは下1/3の皮をピーラーでむき、さっと塩ゆでし、3〜4cm幅の斜め切りにする。えびは殻をむいて尾を除き、背に切り込みを入れて背ワタをとり、塩少々（分量外）で軽くもんで水洗いし、水けをふく。

2　フライパンにサラダ油を熱し、えびを中火でこんがりと焼き、アスパラを加えてひと炒めし、混ぜたAを加えてさっとからめる。

メモ

マヨネーズに火を入れすぎると、味が流れてしまうので、加えたら手早く全体にからめ、火からおろします。野菜はアスパラのほか、スナップえんどう、いんげん、絹さやなどでも。つまみの枝豆の残りの豆を使うこともあります。えびは、むきえびでもかまいません。えびが小ぶりなら、粉をつけて焼くと、ボリュームアップできます。

ほたての梅春巻き

材料（2人分／6本）
春巻きの皮 —— 3枚
ほたて貝柱（刺身用）—— 小12個
梅干し —— 1個
A ｛ 小麦粉 —— 小さじ2
　　 水 —— 小さじ1½
揚げ油 —— 適量

作り方
1　ほたては半分に切り、水けをしっかりふく。梅干しは種を除いてたたく。
2　春巻きの皮を横半分に切り、ほたて4切れと梅肉をのせ、皮の向こう端に混ぜたAを塗り、手前、左右、向こうの順にきつめに巻いてとめる。
3　中温（170℃）の揚げ油で、カラリと3分ほど揚げる。斜め半分に切って器に盛る。

> **メモ**　手でつまみやすいように、春巻きの皮を半分に切って、細巻きにしました。梅干しのほか、チーズや青じそ、のり、アンチョビとの組み合わせもおすすめです。

づけまぐろ

材料（2人分）
まぐろの刺身 —— 8切れ（120g）
赤ワイン —— 1/3カップ
しょうゆ —— 大さじ2 1/2
練りがらし —— 少々

作り方
1　小鍋に赤ワインを入れ、中火で半量くらいになるまで5〜6分煮詰める。
2　粗熱がとれたらしょうゆを加え、まぐろを10〜15分漬ける。器に盛ってからしを添える。

メモ　ワインは煮詰めると、アルコール分がとぶとともに酸味もまろやかになって、しょうゆとの相性がよくなります。刺身にはわさびが定番ですが、づけにはからしも合うので、ぜひお試しを。

かつおのたたき

材料（2〜3人分）
かつおの刺身 —— 1さく（200g）
塩 —— 小さじ½
A
- 玉ねぎ（薄切り）—— ¼個
- 長ねぎ（せん切り）—— 5cm
- しょうが（せん切り）—— 小1かけ
- 青じそ（せん切り）—— 3枚
- エシャロット（せん切り）—— 2個
- みょうが（薄い小口切り）—— 1個

にんにくじょうゆのにんにく（薄切り）—— 1かけ
にんにくじょうゆ —— 適量

作り方
1　Aはすべて水に5分ほどさらし、水けをきる。
2　かつおは塩をふり、何もひかずに熱したフライパンに入れ、中火ですべての面を焼きつける。氷水にさっとつけ、水けをふく。
3　食べやすく切って器に盛り、1とにんにくをのせ、にんにくじょうゆをかける。

にんにくじょうゆ

メモ　にんにくじょうゆは、にんにく数かけをびんに入れ、しょうゆを注いで冷蔵室で保存し、1週間後くらいから食べごろになります。日持ちは3か月くらい。なければ普通のにんにくや、しょうゆでも作れます。かつおとエシャロットの組み合わせは、お寿司屋さんで知った味。ピリッとした辛みと香りがかつおに合うので、もし手に入ったら、試してみてください。

あじの刺身 みそだれ

材料（2人分）
あじ（三枚におろしたもの・刺身用）
　── 1尾分（280g）
A ┌ みそ ── 大さじ1½
　│ 長ねぎ（みじん切り）── 5cm
　│ にんにく、しょうが（ともにすりおろす）
　└ ── 各½かけ

作り方
1　あじは小骨を除き、皮をむいて細切りにする。
2　器に盛り、混ぜたAをかける。

メモ
あじは三枚におろしたり、骨抜きがめんどうであれば、刺身になったものを用意しても。刺身というと、わさびじょうゆ、あじといえば、しょうがじょうゆが定番ですが、にんにくみそがお酒に合うので合わせてみました。にんにくみそとあじをたたいて混ぜてしまえば、「なめろう」のでき上がりです。

あじの酢じめ

材料（2人分）
小あじ（三枚におろしたもの・刺身用）
　　—— 5尾分（150g）
塩 —— 小さじ¾
酢 —— 大さじ2
青じそ —— 1枚

作り方
1　あじは塩をふり、冷蔵室で2〜3時間おく。酢を入れたボウルに1枚ずつ洗うようにしてくぐらせ、バットに並べて冷蔵室で1時間ほどなじませる。
2　小骨を除いて皮をむき、半分に切った青じそとともに器に盛る。

メモ　撮影の時には小あじを使いましたが、手に入る大きさのあじで作ってください。普通くらいのサイズのあじなら、酢でしめる時間も少し長めに。好みで、しょうゆをつけて食べます。

サーモンの大根巻き

材料（2～3人分）
スモークサーモン ── 6枚
大根 ── 12cm 長さ縦⅓本分
塩 ── ふたつまみ
レモン汁 ── ¼個分

作り方
1　大根はピーラーで縦に薄切りにし、塩をふって10分ほどおき、しんなりしたら水けをふく。
2　1を縦に2枚ずつ並べて長さを倍にし、サーモンを1枚ずつのせ、端からくるくる巻く。半分に切って器に盛り、レモン汁をかける。

> メモ
> サーモンの刺身と大根のつまを一緒に食べた時、この組み合わせはいいな、と思ってでき上がったレシピです。サーモンと大根を、レモンの酸味がうまく合わせてくれます。

白身魚のカルパッチョ

材料（2人分）
白身魚の刺身（ひらめ、鯛、すずきなど）
　── 1さく（120g）
トマト ── 中1個
A ┌ オリーブ油 ── 大さじ1½
　│ バルサミコ酢（または白ワインビネガー、
　│ 　レモン汁）── 小さじ½
　│ 塩 ── ふたつまみ
　│ こしょう、パセリ（みじん切り）
　└ 　── 各少々

作り方
1　トマトは5〜6mm角に切り、ボウルに入れてAであえ、15分ほどおく。
2　白身魚はそぎ切りにして器に並べ、塩少々（分量外）をふり、1をかける。

メモ
白身魚のほか、ほたてやいかの刺身などで作っても。トマトとバルサミコの酸味と甘みが、お酒とよく合います。しょうがや青じそなど、和の薬味を刻んだものをのせ、しょうゆとオイルで食べるのもよし。ともにオイルは欠かせません。オイルが薄いころもとなって、全体の味をまとめてくれます。

あさりの酒蒸し

材料（2人分）
あさり —— 1パック（300g）
スナップえんどう —— 8本
酒 —— 大さじ2

作り方
1　あさりは塩水（水1カップ＋塩小さじ1強）につけ、冷蔵室で1〜3時間おいて砂出しし、殻をこすり合わせてよく洗う。スナップえんどうは筋をとり、斜め半分に切る。
2　鍋に1と酒を入れてふたをし、あさりの口が開く音が静かになるまで、強めの中火で蒸し煮にする。塩けが薄ければ、塩をふって食べる。

メモ
あさりは砂抜き済みのものでも、なめてみてしょっぱいくらいの塩水につけ、ふたや新聞紙をのせて暗くし、砂を吐かせます。あさりの塩味だけで十分なのですが、たまに塩けがまったくないこともあり、その時には塩で味を調えて。合わせる野菜は、アスパラ、絹さや、いんげん、菜の花、みつば、ほうれんそう、小松菜などでも。

はまぐり焼き エスカルゴ風

材料（2人分）
はまぐり —— 大6個
A ┌ 万能ねぎ（小口切り）—— 3本
　├ にんにく（みじん切り）—— 1かけ
　└ オリーブ油（または太白ごま油）
　　　—— 大さじ1

作り方
1　はまぐりは塩水（水1カップ＋塩小さじ1強）につけ、冷蔵室で1〜3時間おいて砂出しし、殻をこすり合わせてよく洗う。
2　耐熱皿に並べ、200℃に温めたオーブンではまぐりの口が開くまで10分ほど焼く。混ぜたAをのせ、さらに5分ほど焼く。

メモ　大きめのはまぐりが手に入った時に、よく作ります。わが家では、夏にとこぶしやさざえも安く手に入るので、同じようにオーブン焼きにします。薬味野菜は万能ねぎのほか、青じそや長ねぎ、パセリ、セロリの葉などでも。

たらこの薬味あえ

材料（2～3人分）
たらこ ── 小1腹（2本・50g）
A ┌ 長ねぎ ── 3cm
　│ しょうが ── 薄切り3枚
　│ 青じそ ── 3枚
　│ みょうが ── 1個
　│ たくあん ── 3cm
　└ きゅうり ── 1/3本

作り方
1　たらこは薄皮を除き、Aはすべて粗みじんに切る。材料をすべてよく混ぜる。

> **メモ**　薬味のほかにたくあんを加えたのは、偶然の発見から生まれたもの。薬味だけでもおいしいですが、漬けもののような発酵食品が入ることで、一層うまみが増すようです。かまぼこや豆腐、ごはんにのせて食べてもおいしいです。

れんこんの明太クリーム

材料（2〜3人分）
明太子 —— 小1腹（2本・50g）
生クリーム —— ½カップ
れんこん —— 小½節（80g）

作り方
1　れんこんは皮をむいて5mm厚さの輪切りにし、水に5分ほどさらし、熱湯でやわらかくゆでる。
2　明太子は薄皮を除き、生クリームとともに鍋に入れ、弱めの中火で混ぜながらひと煮立ちさせる。1を加え、とろみが出るまで3〜4分煮る。

メモ　れんこんはあまり薄く切らずに、歯ごたえが残るくらいの厚さにします。明太子の塩だけで、味つけいらず。材料さえそろえば、ささっとできるつまみです。

干物のおろしあえ

材料（2人分）
あじの干物 —— 1枚
大根おろし —— 1カップ
小松菜 —— 1株

作り方
1　干物は魚焼きグリルで両面をこんがりと焼き、熱いうちに骨と尾を除き、身をほぐす。大根おろしはざるに上げ、水けを軽くきる。
2　小松菜は熱湯でさっとゆで、水にとって2cm幅に切り、水けを絞る。ボウルに1とともに入れ、軽くあえる。

メモ　好みでしょうゆをたらしたり、すだちなどの柑橘類の汁を絞ります。干物は短時間で焼けるので、焼きすぎには注意。火加減は中火で、1枚4～5分が目安です。わが家には魚焼きグリルがありませんが、フライパンやグリルパンでも十分おいしく焼けますよ。

干物の素揚げ

材料（2人分）
あじの干物 —— 2枚
揚げ油 —— 適量

作り方
1　干物は半分に切り、中温（170℃）の揚げ油でカリッと4～5分揚げる。揚げ鍋の大きさによっては、小さく切って揚げてもいい。

> **メモ**　素揚げにすると、頭も骨もバリバリ食べられるので、骨をはずす手間がなく、手づかみで豪快に食べられます。揚げもの好きのスタイリストさんが、わが家での仕事の帰りに、駅前の魚屋さんで必ずあじの干物を買い、帰って素揚げでビールを飲むと聞き、早速私も試してみました。

じゃこピーナッツ

材料
（作りやすい分量／約1½カップ分）
ちりめんじゃこ ── 1カップ
ピーナッツ ── ½カップ
味つきザーサイ（びん詰） ── ½びん（50g）
白いりごま ── 小さじ2

作り方
1　ピーナッツはビニール袋に入れ、すりこ木などでたたいて粗く砕く。ザーサイは粗みじんに切る。
2　鍋に材料をすべて入れ、弱めの中火で香ばしくなるまで10分ほどから炒りする。

メモ
ザーサイ以外に合わせるとしたら、梅干しや高菜漬け、野沢菜漬けなど。香菜（シャンツァイ）を加えて、香り豊かに作っても。日持ちは冷蔵室で10日ほど。その場合は、乾燥剤を一緒に入れるのがおすすめです。ごはんにかけたり、おにぎりに混ぜたり、サラダのトッピングにも。

めざしのオリーブオイル焼き

材料（2〜3人分）
めざし —— 12尾
オリーブ油 —— 大さじ1
万能ねぎ（小口切り）—— 2本

作り方
1　フライパンにオリーブ油を熱し、めざしの両面を中火でこんがりと焼く。器に盛り、万能ねぎを散らす。

メモ
薄切りにしたにんにくや、小口切りにした赤唐辛子を加えて焼いてもおいしい。好みで、レモンを絞っても。めざしは小魚の目の部分に竹やわらを刺し、並べて干したもの。いわしで作るのが一般的です。よく乾燥させたものと、ひと塩した生っぽいものがありますが、オイル焼きには、やや生っぽいものを選んでください。

かにサラダ

材料（2人分）
かにのむき身（刺身用） — 3本（約50g）
レタス — ¼個
きゅうり — ¼本
わかめ（戻したもの） — 30g
ポン酢じょうゆ — 適量

作り方
1　レタスは食べやすくちぎり、きゅうりは細切り、わかめは食べやすく切る。
2　器に野菜とわかめを盛り、かにをほぐしてのせ、ポン酢じょうゆをかけて食べる。

メモ
かにの香りと塩けが、野菜とよく合います。かには生のほか缶詰や、もっと手軽に作るなら、かにかまぼこでも。野菜は、特に指定はありません。冷蔵庫にある生野菜と組み合わせてください。

揚げかまぼこのサラダ

材料（2人分）
かまぼこ —— 3～4cm
ベビーリーフ —— 1袋
サラダほうれんそう —— 1束
揚げ油、フレンチドレッシング
　—— 各適量

作り方
1　かまぼこは3～4mm厚さに切り、中温（170℃）の揚げ油で色づくまで揚げる。
2　ボウルにベビーリーフ、食べやすく切ったほうれんそう、1を入れ、ドレッシングを加えてあえる。

メモ　ドレッシングは市販品を使ってもいいし、もし手作りするなら、酢小さじ2、オリーブ油またはサラダ油大さじ1½、塩ふたつまみ、こしょう少々をよく混ぜます。好みで、フレンチマスタードを少し加えてもおいしい。

焼きはんぺん

材料（2人分）
はんぺん —— 大1枚
バター —— 大さじ2
焼きのり —— 全形½枚

作り方
1　はんぺんはひと口大の三角形に切り、バターを溶かしたフライパンに入れ、弱めの中火で全体をこんがりと焼く。
2　器に盛り、のりを手でもみながら散らす。

> **メモ**　はんぺんは焦げやすいので、弱めの中火で注意しながら、じっくり焼いてください。はんぺんの味によっては、少ししょうゆをたらしても。バターとしょうゆの組み合わせは、お酒がすすみます。

ちくわきゅうり

材料（2人分）
ちくわ —— 2本
きゅうり —— 10〜15cm 長さ縦½本分
マヨネーズ —— 適量

作り方
1　きゅうりはちくわの長さに合わせて切り、縦半分に切る。
2　ちくわの穴にマヨネーズを⅓くらいまで絞り入れ、そこからきゅうりを差し込み、食べやすく切って器に盛る。

> **メモ**　このマヨネーズの入れ方は、夫直伝。こうすると、ちくわの穴全体にマヨネーズが入るのですって。マヨネーズの絞り口を直接ちくわにつけるので、気になる方はマヨネーズを別に盛りつけ、つけながら食べてください。

ディップいろいろ

人が集まる時には、前もってディップさえ作っておけば、乾杯のつまみになり、作り置きしておくと、突然のお客様の時にも重宝します。
日持ちがギリギリになった時には、オムレツに入れて食べます。

ツナのディップ

材料
(作りやすい分量／約1½カップ分)
ツナ缶 —— 小2缶 (80g×2)
アボカド —— ½個
レモン汁 —— 少々
オリーブ油 —— 大さじ2〜3
塩 —— 小さじ¼
大根、にんじん、クラッカー —— 各適量

作り方
1 アボカドは種を除いて皮をむき (p.84参照)、レモン汁をふる。
2 ミキサー (またはフードプロセッサー) に1、ツナの半量 (缶汁ごと) を入れて回し、オリーブ油を2〜3回に分けて加えてさらに回し、なめらかにする。
3 残りのツナの汁けをきって加えて混ぜ、塩で味を調える。野菜やクラッカーにつけて食べる。

> **メモ** ツナの存在感を出すために、半分は撹拌せずに、そのまま混ぜます。ツナにも塩けがあるので、味見をしてから塩を足してください。ツナはオイル漬け、水煮のどちらでも。日持ちは、冷蔵室で2日くらい。

ハムのディップ

材料（作りやすい分量／約1カップ分）
ロースハム ── 1パック（75g）
絹ごし豆腐 ── ⅙丁（50g）
生クリーム ── 大さじ2

作り方
1　豆腐はキッチンペーパーで包み、重し（底が平らな器など）をのせて20分ほど水きりする（p.73参照）。
2　ミキサー（またはフードプロセッサー）に材料をすべて入れて回し、なめらかにする。

> メモ
> 豆腐が入っていて足が早いので、なるべく早めに食べきってください。日持ちは、冷蔵室で2日くらい。

きのこのディップ

材料（作りやすい分量／約1カップ分）
えのきだけ ── 小1袋
エリンギ ── 大1本
生しいたけ ── 3枚
にんにく ── 1かけ
塩 ── 小さじ½
オリーブ油 ── 大さじ3
粗びき黒こしょう ── 少々

作り方
1　きのことにんにくは、みじん切りにする。
2　フライパンにオリーブ油、にんにくを入れて弱めの中火にかけ、香りが出たらきのこを加えて炒め、しっとりしたら塩をふる。器に盛り、黒こしょうをふる。

> メモ
> アンチョビやケッパー、オリーブと合わせても。バターとしょうゆで味つけしても美味。日持ちは、冷蔵室で5日くらい。

3章

野菜で

お酒飲みには、「とりあえず」という時間があります。
とりあえずビール、とりあえず枝豆といった具合に、
飲みはじめの1杯とつまみを食べながら、
あとに続くお酒やひと皿を考える時間。
この時のつまみは、すぐに食べられる野菜の出番が多い。
ちぎりキャベツに枝豆など、切っただけ、ゆでただけ、
冷蔵庫に作ってあったものなどを盛りつけます。
それから炒めたり、揚げたり、蒸したりとちょっと時間をかけ、
味はシンプルに塩だけ、しょうゆだけもあれば、
のりやごま、にんにく、しょうがを合わせてメリハリをつけても。
じゃがいも1個あれば、お酒が何杯飲めるかな？

野菜のつまみで >>>　（　　　白ワインと　　　）　　>>>

フライドポテト（p.60）と
ルッコラとカリカリベーコンのサラダ（p.76）に、
クルトン入りバターコーン炒め（p.71）を
1人分ずつ盛りつけて。

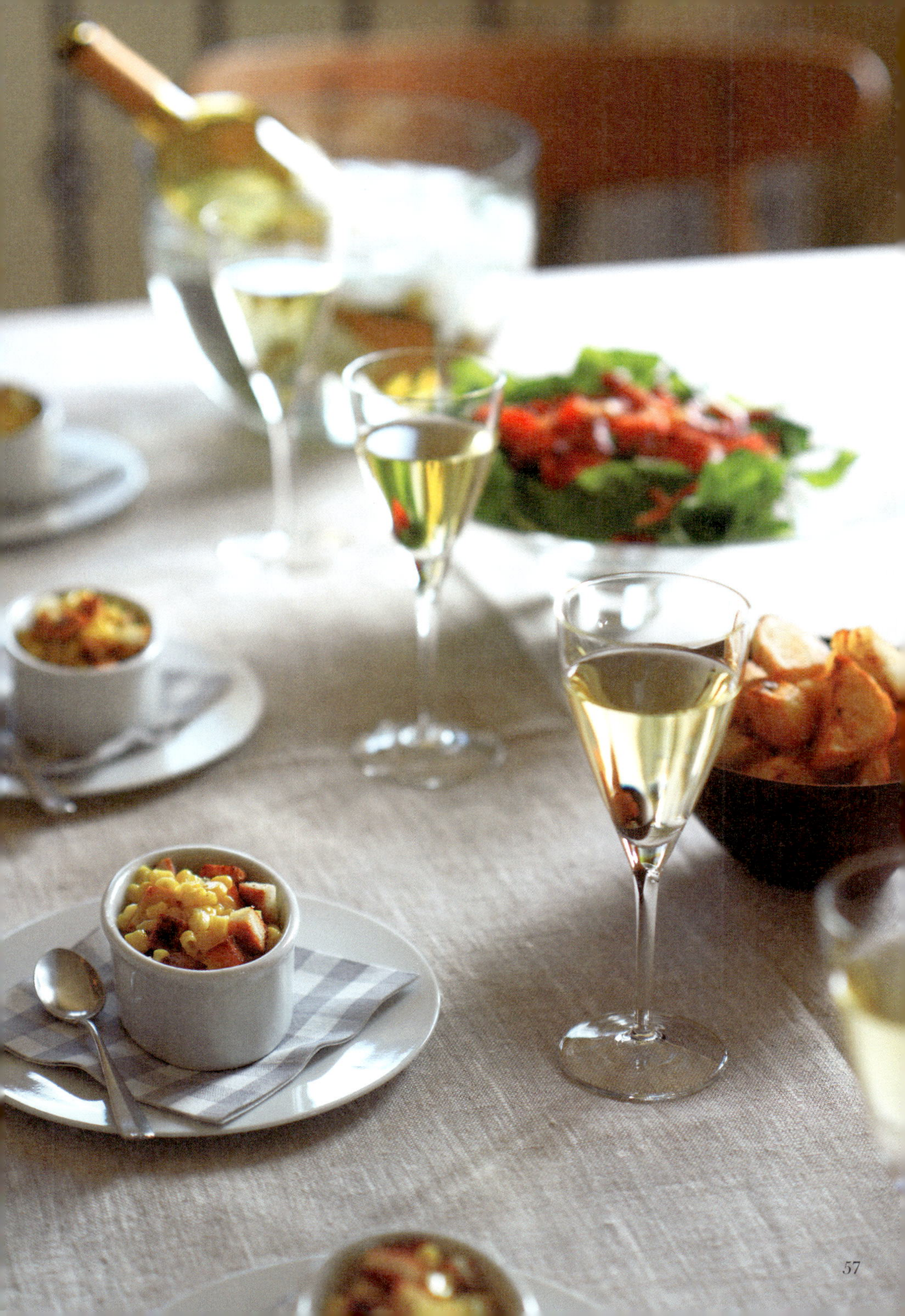

ふかしじゃがいも サワークリーム添え

材料（2人分）
じゃがいも ── 2個
A ┤ サワークリーム ── 1/2パック（50g）
   └ 万能ねぎ（小口切り）── 1本
塩 ── 少々

作り方
1　じゃがいもは皮つきのまま丸ごとやわらかく蒸し、4等分に切る。
2　器に盛り、混ぜたAを熱いうちにのせ、塩をふる。

メモ
じゃがいもは、ゆでたり電子レンジで加熱しても。サワークリームは、生クリームを発酵させた酸味と香りのあるクリーム。塩味を引き立たせてくれるので、シンプルに蒸したじゃがいもと塩だけの組み合わせに加えると、その実力がよくわかります。余ったら、バターのようにパンに塗ったり、シチューやスープの味つけに使ってください。きのこのディップ（p.55）と合わせてもおいしい。

サワークリーム

ジャーマンポテト

材料（2人分）
じゃがいも ── 2個
ウインナ ── 3本
玉ねぎ ── ½個
にんにく ── ½かけ
塩 ── 小さじ¼
粗びき黒こしょう ── 少々
オリーブ油 ── 大さじ1

作り方
1　じゃがいもは皮をむいてくし形に切り、ややかために蒸すかゆでる。ウインナは1cm幅の斜め切り、玉ねぎは6等分のくし形に切ってほぐし、にんにくは薄切りにする。
2　フライパンにオリーブ油、にんにくを入れて弱めの中火にかけ、香りが出たら玉ねぎを加えて透き通るまで炒める。じゃがいもとウインナを加え、じゃがいもがこんがりしたら塩、黒こしょうをふる。

> **メモ**　じゃがいもは生から炒めてもいいのですが、少し時間がかかるので、あらかじめ火を通しておきます。電子レンジで加熱しても。にんにくの香りとウインナの塩けが、具材をまとめてくれ、あとを引くおいしさに。いつもある材料でできる、わが家のつまみの代表です。

フライドポテト

材料（2人分）
じゃがいも —— 2個
揚げ油、塩 —— 各適量

作り方
1　じゃがいもは、皮をむいて丸ごとやわらかく蒸すかゆで、ひと口大に切る。
2　中温（170℃）の揚げ油でこんがりと4〜5分揚げ、熱いうちに塩をふる。

> **メモ**
> じゃがいもは、ほくほくした口あたりの男爵や、キタアカリがおすすめです。生のまま揚げてもおいしいですが、蒸したりゆでたりすることで、皮をむいたじゃがいもの表面がざらっとして、そこがカリッと揚がるのです。やわらかなじゃがいもは、くし形や細長く切れないこともあるので、形にあまりこだわらず、切りやすい形で揚げてみてください。

マッシュポテトのサラミ、生ハムのせ

材料（2人分）
じゃがいも ── 2個
牛乳 ── ½カップ
バター ── 大さじ2
生クリーム（あれば） ── 大さじ1
サラミ ── 4枚
生ハム ── 2枚

作り方
1　じゃがいもは、皮つきのまま丸ごと水からやわらかくゆで、熱いうちに皮をむいてフォークなどでつぶす。
2　鍋に入れて牛乳を少しずつ加えながらさらにつぶし、なめらかになったら木ベラで混ぜながら弱めの中火にかけ、バターを加えて全体にしっかり火を通す。
3　ツヤが出たら生クリームを混ぜ、器に盛ってサラミと生ハムを添える。

メモ　生クリームを加えると、一層風味よく仕上がります。塩はバターのみとしましたが、好みで塩を足してください。ロースハムや焼いたベーコン、バゲットやクラッカーにつけて食べてもおいしい。

せん切りキャベツのおかか、のり、ごまのせ

材料（2人分）
キャベツ —— 4枚
削り節 —— 1パック（3g）
焼きのり —— 全形½枚
白いりごま —— 小さじ1～2
A ｛ しょうゆ、ごま油
　　—— 各大さじ1

作り方
1　キャベツはせん切りに、のりは3cm長さの細切りにする。
2　器にキャベツを盛り、削り節、のり、白ごまを散らし、混ぜたAをかけて混ぜながら食べる。

メモ　うちの夫は、大のせん切りキャベツ好き。せん切りでさえあれば、味つけは何でもいいのだそうです。その日の気分でソースだったり、マヨネーズだったり、ポン酢じょうゆやドレッシング。家族で食べる時には、大鉢にどっさりと盛りつけて、銘々皿にとって食べます。味つけを変えながら食べると、一緒にお酒もすすみます。

ちぎりキャベツ

材料（2人分）
キャベツ —— 2〜3枚
A ┌ みそ —— 小さじ2
　├ テンメンジャン —— 小さじ½
　└ コチュジャン —— 小さじ¼〜½
B ┌ アンチョビ（フィレ・みじん切り）
　│　 —— 2枚
　├ オリーブ油 —— 小さじ2
　└ イタリアンパセリ（みじん切り）
　 　 —— 少々

作り方
1　キャベツは大きめに切り、器に盛る。
2　A、Bをそれぞれ混ぜて添え、キャベツを食べやすくちぎって、好みの味をつけながら食べる。

メモ　串揚げ屋さん、焼きとり屋さんの定番メニュー。私が以前よく出かけたお店では、1人¼個ほどのキャベツが出てきました。それでも食べ出すと、あっという間になくなって、おかわり。キャベツって飽きません。串揚げや焼きとりの合間でなく、キャベツの合間に串をつまんでいたことを思い出します。

たたききゅうりのごまラー油あえ

材料（2人分）
きゅうり —— 3本
塩 —— 小さじ1
A ｛ 白すりごま —— 小さじ2
　　酢 —— 小さじ1
　　ナンプラー、ラー油 —— 各少々

作り方
1　きゅうりは皮をしましまにむき、塩をふって板ずりし（まな板の上でごろごろ転がす）、10分ほどおく。さっと洗って水けをふき、すりこ木などでたたき、手で食べやすく割る。
2　Aとともにボウルに入れ、よくあえる。

メモ
きゅうりは板ずりしてから割ると、包丁で切るよりも、断然味がなじみます。シンプルな料理こそ、そのひと手間にこだわりたいですね。しょうゆあえ、みそあえにしてもおいしいです。

ピーマンの丸ごと蒸し焼き

材料（2人分）
ピーマン —— 4個
サラダ油 —— 小さじ1
しょうゆ —— 適量

作り方
1　ピーマンは丸ごとフライパンに入れ、サラダ油を回しかけ、ふたをして中火で7～8分蒸し焼きにする。
2　しんなりしたら器に盛り、しょうゆをかけて食べる。

メモ　くったりと火がよく通ったピーマンは、丸ごと種もヘタも食べられます。ピーマンは、張りのある新鮮なもので作ってください。やや小ぶりのものがおすすめです。もし、なかなかしんなりとやわらかくならない場合は、少しだけ水を加えて、蒸し焼きにしてみてください。

蒸しなす

材料（2人分）
なす —— 2本
A ┃ しょうゆ —— 小さじ2
　┃ 練りがらし —— 少々

作り方
1　なすはヘタを除いて皮をむき、水に5分ほどさらす。蒸気が上がった蒸し器に入れ、中火でしんなりするまで7〜8分蒸す。
2　食べやすく切って器に盛り、混ぜたAをかける。

> **メモ**　実家のある長野では、丸なすでこの料理をよく作ります。実がやわらかく、ねっとりした口あたり。もし手に入るようなら、丸なすでもぜひ作ってください。皮つきだと色も悪く、実のやわらかさが出ないので、必ず皮をむいて作ります。

なすのはさみフライ

材料（2人分／6個）
なす —— 3本
ロースハム —— 2枚
A ｛ 市販の天ぷら粉 —— 1/3カップ
　　 水 —— 1/3カップ弱
パン粉、揚げ油、とんかつソース
　—— 各適量

作り方
1　なすはヘタを残してガクのとがった部分を除き、縦半分に切り、ヘタの手前くらいまで切り込みを入れる。ハムは3等分に切る。
2　なすの切り込みにハムを1切れずつはさみ、混ぜたA、パン粉の順にころもをつけ、中温（170℃）の揚げ油でこんがりと揚げる。半分に切って器に盛り、ソースをかけて食べる。

メモ　フライごろもがはがれやすいので、しっかり揚がるまで触らないこと。途中で一度返すくらいで、触りすぎないことがポイントです。ソースがとてもよく合い、お酒が飲みたくなる味です。

ゴーヤチャンプルー

材料（2人分）
ゴーヤ —— 小1本
塩 —— 小さじ½
ポークランチョンミート（「スパム」）
　　—— 約⅙缶（60g）
A ｛ 卵 —— 2個
　　砂糖 —— 小さじ2
にんにく（みじん切り）—— 少々
サラダ油 —— 大さじ1

作り方
1　ゴーヤは縦半分に切って種とワタをスプーンでかきとり、5mm幅に切って塩をまぶして10分ほどおき、さっと洗って水けをふく。スパムは厚めの短冊に切る。
2　フライパンにサラダ油を熱し、混ぜたAを一気に流し、中火で大きく混ぜて焼き、半熟状になったら取り出す。
3　続けて1とにんにくを入れて炒め、全体に油がなじんだら、卵を戻してひと炒めする。

メモ
スパムにしっかり塩けがあるので、炒める時には調味料はなし。足りない時は、塩やしょうゆ、ナンプラーなどで味を調えます。スパムの代わりに、ハムやウインナ、ちくわなどで作っても。

オクラのカレーフリット

材料（2人分）
オクラ —— 1袋（10本）
A ┃ 卵白 —— 1個分
　┃ 炭酸水 —— 1/4カップ
　┃ 小麦粉、片栗粉 —— 各大さじ2
　┃ カレー粉 —— 小さじ1
　┃ 塩 —— ふたつまみ
揚げ油 —— 適量

作り方
1　ボウルにAの卵白を入れ、菜箸で切るように混ぜ、残りのAを加えて混ぜる。
2　オクラはガクの部分をくるりとむき、1にくぐらせ、中温（170℃）の揚げ油でカラリと1〜2分揚げる。

メモ
ころもに炭酸水を混ぜると、カリッと揚がります。ビールを飲みながらの時には、炭酸水の代わりにビールを加えてころもを作ります。ころもが残ったら、大さじ1杯ずつ揚げ油に落としてカラリと揚げて、これもまたつまみに（写真右）。カレー味のスナック菓子のようです。

枝豆しょうゆ漬け

材料
（作りやすい分量／3〜4人分）
枝豆 —— 1袋（300g）
塩 —— 大さじ1
A ┃ だし汁 —— 1½カップ
　 ┃ しょうゆ —— 大さじ2
　 ┃ 砂糖 —— 小さじ2
　 ┃ 花椒（ホール） —— 小さじ2
　 ┃ 八角 —— 1個

作り方
1　鍋にAを入れて火にかけ、一度沸騰させて粗熱をとる。
2　枝豆は洗って塩をまぶし、熱湯でやわらかくゆで、湯をきって1に漬ける。

メモ
すぐに食べてもおいしいし、1時間ほど漬けてから食べても。温かいまま、冷やしてからのどちらもおすすめです。八角は「スターアニス」とも呼ばれ、中国料理によく使われ、豚の角煮などでおなじみの甘い香りのスパイス。花椒（ホワジャオ）は中国の山椒で、手に入らなければ、どちらか1つでも。うちでは枝豆を塩ゆでした時は、半分をしょうゆ漬けに。2つの味の枝豆があれば、とりあえずのつまみとしては上等です。冷蔵室で保存すれば、3〜4日もちます。

クルトン入りバターコーン炒め

材料（作りやすい分量／4人分）
とうもろこし —— 2本（1カップ強）
｛ 食パン（8枚切り）—— 1枚
｛ オリーブ油 —— 小さじ2
塩、粗びき黒こしょう —— 各少々
バター —— 大さじ1½

作り方
1　とうもろこしは塩少々（分量外）を加えた熱湯でゆで、包丁で実をそぎ落とす（または手ではずす）。
2　食パンは7～8mm角に切り、フライパンに入れてオリーブ油を回しかけ、中火でカリカリに炒めて取り出す。
3　続けてバターを入れて溶かし、1を中火で炒め、2を加えてひと炒めし、塩、黒こしょうをふる。

メモ　手軽に缶詰や冷凍のコーンで作っても。とうもろこしはゆでて粒をはずし、冷凍しておくと便利です。バターコーンにクルトンを合わせたのは、口あたりを楽しむためと、ボリュームアップを狙ってのこと。コーンのやわらかさとカリカリッとしたクルトンが、あとを引きます。

焼きそら豆

材料（2人分）
そら豆（さやつき）—— 10本
塩 —— 少々

作り方
1　そら豆はさやごと魚焼きグリル（またはグリルパン）に入れ、中火で全体がこんがりするまで焼く。
2　さやのまま器に盛り、塩を添え、さやから出して塩をつけて食べる。

> **メモ**
> さやの中で豆が蒸し焼きになって、ポクポクに。新鮮なさやつきそら豆が手に入った時におすすめです。さやをはずしてから薄皮ごと食べる派、薄皮をむいて食べる派があるようですが、私はむく派。まだ薄皮ごと食べておいしいさやつきそら豆に、残念ながら出会えていないのです。

青豆の白あえ

材料（2人分）
グリーンピース（さやから出して）
　　── 1/3カップ
豆腐（木綿、絹ごしどちらでも）
　　── 1/3丁（100g）
A ｛ 白練りごま ── 小さじ1
　　 砂糖、塩 ── 各ひとつまみ

作り方
1　グリーンピースは塩少々（分量外）を加えた熱湯でゆで、火を止めてゆで汁の中で冷ます。
2　豆腐はキッチンペーパーで包み、重し（底が平らな器など）をのせて20分ほど水きりする。ボウルに入れて泡立て器でつぶし、Aを混ぜ、湯をきった1を加えてあえる。

> **メモ**　豆腐は、すり鉢があればなめらかになるまですりこ木ですり、ない場合は、ボウルの中で泡立て器やフォークでつぶします。グリーンピースは、ゆで汁の中で冷ますと、シワシワにならずにまん丸に仕上がります。ほかにいんげんや絹さや、そら豆で作るのもおすすめ。うちではマンゴーやいちじく、柿などのくだものの白あえを作ることもあります。女友達の集まりに作ると、大好評です。

トマトとわかめのにんにくごまオイル

材料（2人分）
トマト —— 2個
わかめ（戻したもの）—— 60g
A ┌ 白すりごま —— 大さじ1
  │ しょうゆ —— 小さじ1
  └ 塩 —— 小さじ¼
B ┌ にんにく（みじん切り）—— 1かけ
  └ サラダ油（または太白ごま油）
        —— 大さじ2

作り方
1　トマトはヘタを除いて6〜8等分のくし形に、わかめは食べやすく切り、合わせてAを混ぜて器に盛る。
2　小鍋にBを入れて弱火にかけ、にんにくがこんがりしたらすぐに1にかけ（はねるので注意）、よく混ぜて食べる。

メモ　アツアツのにんにくオイルをかけると、香りが立って一層おいしい。トマトやわかめにも熱が伝わって、少ししんなりとして、味もよくなじみます。ジュッとかけた瞬間のおいしそうな音も、味につながるような気がします。

トマトのだし漬け

材料
（作りやすい分量／4〜6人分）
トマト —— 1パック（中6〜7個）
A ｛ だし汁 —— 1カップ
　　 塩 —— 小さじ1

作り方
1　トマトはヘタを除き、頭に軽く十字の切り込みを入れ、熱湯に入れて皮がはじけたら、冷水にとって皮をむく。
2　混ぜたAに加えて冷蔵室でひと晩漬け、器に盛って漬け汁をかける。

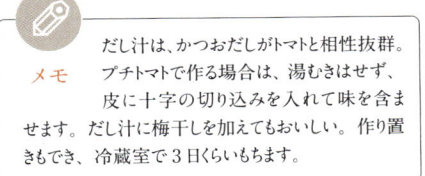

> **メモ**　だし汁は、かつおだしがトマトと相性抜群。プチトマトで作る場合は、湯むきはせず、皮に十字の切り込みを入れて味を含ませます。だし汁に梅干しを加えてもおいしい。作り置きもでき、冷蔵室で3日くらいもちます。

トマトらっきょう

材料（2人分）
プチトマト —— 1パック（12個）
甘酢らっきょう —— 4個

作り方
1　プチトマトは半分に切り、らっきょうは薄い小口切りにし、よく混ぜる。

> **メモ**　らっきょうの味がやや甘めだったら、ほんの少し塩かしょうゆを。オリーブ油を加えてあえてもおいしい。

ルッコラとカリカリベーコンのサラダ

材料（2人分）
- ルッコラ ── 1袋
- トマト ── 中1個
- ベーコン（かたまりのもの）── 50g
- A
  - オリーブ油 ── 大さじ1
  - バルサミコ酢 ── 小さじ2
  - 塩 ── ふたつまみ
  - しょうゆ、こしょう ── 各少々

作り方
1. ルッコラは食べやすい長さに切り、トマトは1cm角に切る。
2. ベーコンは1cm角の棒状に切り、何もひかずに熱したフライパンに入れて中火でカリカリに炒め、出てきた脂はキッチンペーパーでふきとる。
3. 器に1を盛って2を散らし、混ぜたAをかける。

> **メモ** これをこのまま、焼いたピザ生地にのせて食べてもおいしい。お腹がすいている時には、ゆでたてのスパゲッティとあえて、サラダスパにしても。カリカリのベーコンが、ルッコラとトマトの味をつないでくれます。

ロメインレタスのサラダ

材料（2人分）
ロメインレタス ── ½株
マッシュルーム（生）── 2個
パルメザンチーズ ── 10g
レモン汁 ── 少々
A ┌ マヨネーズ ── 大さじ2
　├ オリーブ油 ── 小さじ2
　└ しょうゆ（あれば p.37 にんにくじょうゆの
　　しょうゆ）── 小さじ½

作り方
1　マッシュルームは薄切りにし、レモン汁をふる。パルメザンチーズはピーラーで薄く削る。
2　器にロメインレタスの内側を上にして並べ、1を散らし、混ぜたAをかける。葉を1枚ずつ手でつまんで食べる。

メモ　ソースは小さなポリ袋に入れ、口を縛り、角を少し切って細く絞り出しました。ロメインレタスは「コスレタス」とも呼ばれ、レタスと違って葉が丸く巻くことはなく、立った状態で細長く葉が成長します。切って食べてもいいですが、形を生かして、手で食べるとつまみっぽいです。

ロメインレタス

セロリとさきいかのあえもの

材料（2人分）
セロリ —— ½本
セロリの葉 —— 少々
塩 —— 小さじ¼
さきいか —— ひとつかみ（30g）
マヨネーズ —— 小さじ1～2

作り方
1　セロリは斜め薄切り、葉はせん切りにし、合わせて塩をふって軽くもみ、10分ほどおく。
2　水けを絞り、さきいかとマヨネーズを加えてあえる。

> **メモ**　さきいかの味によって、マヨネーズの量は調整してください。フレンチドレッシングであえてもおいしいです。セロリのほか、きゅうりや大根、にんじん、かぶで作っても。

もやし炒め

材料（2人分）
もやし —— 1袋
塩 —— ふたつまみ
ナンプラー —— 少々
サラダ油（または太白ごま油）—— 小さじ2

作り方
1　もやしは、できればひげ根をとる。
2　フライパンにサラダ油を熱し、1を強めの中火で炒め、ややしんなりしたら塩とナンプラーをふる。

> **メモ**　具材をあれこれ組み合わせず、ひとつの素材で作るおいしさもあります。特に炒めものは、組み合わせがむずかしい。ならば、もやしだけで勝負。さっとできて、シャキッと歯ごたえもよし。味つけも、塩とナンプラーだけのシンプルさ。これがお酒を選ばず、夫は焼酎、私はビールなんて時にも、うれしいつまみとなるのです。

玉ねぎのソテー おかかじょうゆ

材料（2人分）
玉ねぎ ── 1個
塩、こしょう ── 各少々
オリーブ油 ── 大さじ1
小麦粉、しょうゆ、削り節 ── 各適量

作り方
1　玉ねぎは横4等分の輪切りにし、バラバラにならないようにようじでとめ、塩、こしょうをふり、小麦粉を両面にまぶす。
2　フライパンにオリーブ油を熱し、1を弱めの中火で5分、裏返して5分ほど焼く。器に盛ってようじをはずし、しょうゆと削り節をかける。

メモ　学生時代は、台所に転がっているじゃがいもと玉ねぎばかりが、つまみになりました。その中で、いまだに作っているレシピです。玉ねぎはじっくり焼くと甘くなり、しょうゆ味がよく合います。削り節で香りよく仕上げると、一層お酒のすすむ味に。

オニオンスライス

材料（2人分）
玉ねぎ —— ½個
みょうが —— 1個
卵黄 —— 1個分
しょうゆ —— 適量

作り方
1　玉ねぎは薄切りにし、水に10分ほどさらして辛みを抜き、水けをきる。みょうがはせん切りにする。
2　合わせて器に盛り、卵黄をのせ、しょうゆをかけて混ぜて食べる。

メモ　新玉ねぎの時季には、ぜひ作ってほしいつまみです。卵黄のコクが、玉ねぎの味を引き立たせます。新玉ねぎがなければ、サラダオニオンでも。みょうがの代わりに、塩もみしたゴーヤやわかめ、かいわれなどを組み合わせてもおいしいです。

えのきベーコン

材料（2人分／6個）
えのきだけ ── 小1袋
ベーコン ── 3枚
サラダ油 ── 少々

作り方
1　えのきは根元を落として6等分に分け、半分に切ったベーコンで巻き、ようじでとめる。
2　フライパンにサラダ油を熱し、1を弱めの中火で転がしながら、ベーコンがこんがりしてえのきがしんなりするまで焼く。

メモ　焼いている途中で、ようじを反対側へ刺し直し、刺した面も焼くと、ベーコン全体をこんがりと焼くことができます。えのきになかなか火が通らない時は、ふたをして蒸し焼きに。レモンを絞ったり、大根おろしを添えることもあります。えのきのほか、ゆでたアスパラやいんげん、スナップえんどうを巻いて焼くのも好きです。

しいたけバター焼き

材料（2人分）
生しいたけ —— 1パック（6枚）
塩 —— 少々
バター —— 大さじ1

作り方
1　しいたけは石づきを落とし、軸ごと縦半分に切る。
2　フライパンにバターを溶かし、1を中火で焼き、しんなりしたら塩をふる。

メモ　合わせるお酒によって、味つけは塩かしょうゆ、どちらかを選びます。軸ごと調理すると、ふんわりやわらかなかさの部分と、シャクッと歯ごたえのある軸の部分の食感の違いが楽しい。しいたけは火が通ると小さくなるので、やや大ぶりに切ることもポイントです。

アボカド、かいわれ、のりのわさびあえ

材料（2人分）
アボカド —— 1個
かいわれ —— ⅓パック
焼きのり —— 全形¼枚
レモン汁、塩 —— 各少々
A ｛ しょうゆ —— 小さじ1
　　 おろしわさび —— 少々

作り方
1　アボカドは種を除き、スプーンでひと口大にすくってボウルに入れ、レモン汁と塩を混ぜる。
2　かいわれは根元を落として3cm長さに切り、のりは手でもむ。Aとともに1に加え、よくあえる。

メモ　アボカドは皮がやや黒くなって、触った時にやわらかなものを選びます。種の除き方は、種に沿って包丁で縦に1周ぐるりと切り込みを入れ、手でねじって2つに割り（写真右）、包丁の角を種に刺して、少しひねってはずしてください。

かぶとセロリの塩昆布あえ

材料（2人分）
かぶ —— 2個
セロリ —— 1/4本
塩 —— ふたつまみ
塩昆布 —— 大さじ山盛り1

作り方
1　かぶは皮をむいて縦半分に切り、セロリとともに5mm幅に切る。
2　合わせて塩をまぶし、10分ほどおいて水けをふき、塩昆布を混ぜる。

メモ　野菜から出る水けをふくのがポイント。水けが多いと、味が薄くなってしまうので、ひと手間ですが省かずに。塩昆布がない時は、細切り昆布のつくだ煮で代用します。

長いものステーキ

材料（2人分）
長いも —— 2cm厚さの輪切り4枚
ベーコン —— 2枚
塩 —— 少々
万能ねぎ（小口切り）—— 1〜2本

作り方
1　ベーコンは2cm幅に切り、何もひかずに熱したフライパンに入れ、中火でカリカリに焼いて取り出す。
2　続けて長いもを入れ、中火で両面をこんがりと焼き、塩をふる。器に盛り、1と万能ねぎをのせる。

> **メモ**　ベーコンの塩けだけで、長いもを食べます。しょうゆをたらした香ばしい味つけも捨てがたいですが、今日は塩のみで。ベーコンの脂が少ない時は、オリーブ油かサラダ油を加えて焼いてください。

とろろ磯辺揚げ

材料（2人分／6個）
長いも ── 4cm（80g）
A ┌ 片栗粉 ── 小さじ2
　└ 塩 ── ふたつまみ
焼きのり ── 全形1枚
揚げ油 ── 適量

作り方
1　長いもはフォークで刺し、直火であぶってひげを焼き（熱いので注意）、皮ごとすりおろしてAを混ぜる。
2　6等分の長方形に切ったのりに大さじ1くらいずつのせ、半分に折り、中温（170℃）の揚げ油でこんがりと揚げる。

メモ　長いものすりおろしがゆるい場合、のりにのせたら、すぐに油に入れるようにします。長いものたねだけをスプーンなどで油に落として揚げ、のりに包んで食べても。大和いもで作ると、粘りけが強くてのりで包みやすく、いもの味もコクもむっちり、どっしりとした仕上がりになります。

大根おろしのなめこあえ

材料（2人分）
大根 ── 10cm
なめこ ── 1袋
しょうゆ ── 小さじ½
七味唐辛子 ── 少々

作り方
1　大根は皮ごとすりおろし、ざるに上げて水けを軽くきる。なめこは熱湯でさっとゆで、湯をきって冷ます。
2　1を軽く混ぜて器に盛り、しょうゆと七味唐辛子をかける。

> メモ　なめこの代わりに、なめたけのびん詰でもいいし、焼いたしいたけを加えてもいいです。塩けとして、ちりめんじゃこやしらすを合わせてもおいしい。

ふろふき大根

材料（作りやすい分量／4人分）
大根 —— 3.5cm 厚さの輪切り4個
米のとぎ汁 —— 適量
昆布 —— 10cm 角1枚
A ┃ みそ —— ¼カップ
　 ┃ 砂糖 —— 大さじ2
　 ┃ みりん —— 大さじ1
ゆずの皮（すりおろす）—— ¼個分

作り方
1　大根は皮を厚めにむいて面取りし（角を薄くそぎとる）、片面に十字の切り込みを入れる。鍋に入れてひたひたの米のとぎ汁を加え、竹串がすっと通るまで弱火で煮る。
2　湯をきって大根を洗い、再び鍋に入れて昆布とひたひたの水を加えて火にかけ、煮立ったら昆布を除き、弱火で10分煮る。そのまま冷まして味をなじませる。
3　小鍋にAを入れて混ぜながら弱火で煮詰め、ねっとりしたら火を止め、ゆずの皮を混ぜる。温め直して器に盛った大根にかける。

メモ　米のとぎ汁の用意がない時は、水に米小さじ1〜2を加えて大根をゆでます。このゆずみそは甘めの味つけですが、砂糖を省き、ゆずこしょうを合わせたピリ辛味も大根に合います。

ゆずみそ

れんこんといかの梅あえ

材料（2人分）
れんこん —— ½節（100g）
いかの刺身 —— ½ぱい分（70g）
A ┃ 梅干し（たたく）—— 大1個
　 ┃ みりん —— 少々

作り方
1　れんこんは皮をむいてスライサーで薄い輪切りにし、水に5分ほどさらし、熱湯でさっとゆでて湯をきる。いかは細切りにする。
2　ボウルにAを入れて混ぜ、1を加えてあえる。

> **メモ**　れんこんは熱湯に入れ、ひらひらとやわらかくなり、透き通ってきたらゆで上がりの合図。より白く仕上げたい時は、酢を少し加えた湯でゆでます。いかのほかに、ほたてやちりめんじゃこ、かまぼこ、ちくわなどを合わせることもあります。

れんこん、水菜、じゃこのだしじょうゆ漬け

材料（2～3人分）
れんこん —— 1/2節（100g）
水菜 —— 1株
ちりめんじゃこ —— 大さじ3
A ┃ だし汁 —— 1カップ
　 ┃ しょうゆ、みりん —— 各大さじ1
　 ┃ 塩 —— 小さじ1/4

作り方
1　れんこんは皮をむいて5mm厚さのいちょう切りにし、水に5分ほどさらす。水菜は4cm長さに切る。
2　鍋にAを入れて煮立たせ、水けをきったれんこんを加えてやわらかくなるまで煮る。水菜とちりめんじゃこを加え、すぐに火を止め、そのまま冷まして味をなじませる。

メモ　れんこんの歯ごたえを楽しみたいので5mm厚さに切ることと、味出しのじゃこがポイント。合わせる野菜は、水菜のほかにかいわれやみつばなどでも。冷蔵室で保存し、日持ちは4～5日。

白菜の中華風甘酢漬け

材料（作りやすい分量／3～4人分）
白菜 —— 1/8株
塩 —— 小さじ1 1/2
酢、砂糖 —— 各大さじ3
A ┃ ごま油 —— 大さじ2
　 ┃ 赤唐辛子（種を除いて小口切り）
　 ┃ 　　—— 1/2～1本
　 ┃ 花椒（ホワジャオ）（ホール・p.70参照）
　 ┃ 　　—— 小さじ1

作り方
1　白菜は5cm長さの細切りにし、塩をまぶして15分ほどおき、しんなりしたら水けを絞る。酢と砂糖を加えてあえ、耐熱の容器に入れる。
2　小鍋にAを入れて弱火にかけ、ごま油が熱くなったら1にかける（はねるので注意）、1時間ほど漬ける。

メモ　中華料理店ではラーパーツァイ（辣白菜）と呼ばれ、前菜やごはんのお供としてメニューに載っています。花椒（ホワジャオ）がない場合は、アクセントとして、しょうがのせん切り1かけ分を加えます。冷蔵室で保存し、日持ちは3日くらい。

ごぼうチップス

材料（作りやすい分量／3〜4人分）
ごぼう —— 小1本
揚げ油、塩 —— 各適量

作り方
1　ごぼうはよく洗って皮つきのまま15cm長さに切り、ピーラーで薄切りにし、水に5分ほどさらす。
2　水けをしっかりふき、中温（170℃）の揚げ油でカラリと1〜2分揚げる。塩をふって食べる。

メモ
皮の部分だけのチップスが、時々苦いことがあります。ですので、皮だけにならないように、最初の1枚目のスライスは除いても。水にさらす時は、酢など加えずに真水で。揚げる時は何度かに分け、油の温度が下がらないように気をつけてください。

せん切り野菜とザーサイのサラダ

材料（2人分）
水菜 —— 1株
大根 —— 5cm
にんじん、セロリ —— 各¼本
A ┌ 味つきザーサイ（びん詰）
　│　　　—— 大さじ2
　│ 白いりごま、酢、しょうゆ
　│　　　—— 各大さじ1
　│ 砂糖 —— 小さじ1
　└ こしょう —— 少々

作り方
1　水菜は4cm長さ、その他の野菜はせん切りにし、合わせて冷水につけてパリッとさせる。ザーサイはみじん切りにする。
2　野菜の水けをよくきり、混ぜたAを食べる直前に加えてあえる。

メモ　白ごまは、いりごまとすりごま、どちらでも。香ばしさが生野菜によく合います。ザーサイも味のポイント。発酵食品が入ると、うまみが増して味のアクセントになります。

春菊のサラダ

材料（2人分）
春菊 —— 1束
A ┌ 玉ねぎ —— 1/8個
　├ 市販のすし酢 —— 大さじ1½
　└ サラダ油（または太白ごま油）
　　　—— 大さじ3

作り方
1　玉ねぎはみじん切りにし、すし酢と合わせて20分ほどおく。
2　春菊は葉と茎に分け、熱湯で茎、葉の順にさっとゆで、水けを絞って食べやすく切る。器に盛り、混ぜたAをかける。

メモ　玉ねぎとすし酢は混ぜてしばらくおくと、玉ねぎの辛みがほどよく抜けます。すし酢がなければ、酢と砂糖各大さじ1、塩ひとつまみを混ぜて作って。春菊以外に、アスパラやいんげん、ほうれんそうなどで作るのもおすすめです。

野菜のかき揚げ

材料（2〜3人分／7〜8個）
じゃがいも —— 1個
玉ねぎ —— ½個
わかめ（戻したもの）—— 50g
小麦粉 —— 大さじ1½
　┌ 卵 —— 1個
　│ 冷水 —— ¾カップ
　└ 小麦粉 —— 1カップ
揚げ油 —— 適量

作り方
1　じゃがいもは皮をむいて5mm角の棒状に切り、玉ねぎは薄切り、わかめはひと口大に切る。これらをボウルに合わせ、小麦粉をふって混ぜる（a）。
2　卵に冷水を加えて軽く混ぜ、小麦粉をふり入れてさっと混ぜる。
3　小さめのボウルに1を食べやすい量取り分け、2を大さじ2〜3加えてさっくりと混ぜ（b）、中温（170℃）の揚げ油でカラリと揚げる（c）。残りも同様に揚げ、好みで塩やしょうゆ、ポン酢じょうゆをつけて食べる。

メモ
まず具材に小麦粉をふって水けを落ち着かせ、それから小分けにして、そのつどころもを混ぜて揚げると失敗がありません。一度に揚げようとせず、2〜3個ずつ何回かに分けると作りやすいです。このほかごぼうとにんじん、れんこん、いんげん、セロリなどのかき揚げもおすすめです。

97

── つまみトースト ──

小腹がすいている時には、
パンのつまみでひと息ついて、
それからお酒を楽しみます。
家族で飲む時、友人たちと飲む時などは、
お腹のすき具合がバラバラなので、
パンのつまみを少量ずつつまめるように
盛りつけて出すと、喜ばれます。

しらすトースト

材料（2人分）
食パン（8枚切り）── 1枚
しらす ── 大さじ2〜3
岩のり（または焼きのり・ちぎる）、
　バター、マヨネーズ ── 各適量

作り方
1　パンにバターを塗ってマヨネーズをかけ、しらすとのりをのせ、温めたオーブントースターでこんがりと焼く。

メモ
チーズをのせて焼いても。お腹がすいている時は、1枚をがぶり。少量ずつつまむ時には、焼いてから切る、切ってから焼く、どちらでも。バゲットを薄切りにしたものにのせて、焼いても美味。

ガーリックトースト

材料（作りやすい分量／4〜5人分）
バゲット —— ½本
A ┌ にんにく（すりおろす）—— 1かけ
　├ オリーブ油 —— 大さじ2
　└ パセリ（みじん切り）—— 小さじ2

作り方
1　バゲットは好みの大きさに切り、混ぜたAを塗り、温めたオーブントースターでこんがりと焼く。好みで塩少々（分量外）をふる。

> **メモ**　バゲットは、食べやすいように細長く切ったり、薄い輪切りや斜め薄切りなどにします。切らずに1cm間隔で切り目を入れ、そこににんにくオイルを塗って焼き、そのままちぎりながら食べても。オイルをバターにかえてもおいしい。

キムチチーズトースト

材料（2人分）
食パン（8枚切り）—— 1枚
A ┌ 白菜キムチ（粗く刻む）—— 大さじ2
　└ 溶けるスライスチーズ —— 1枚
バター —— 適量

作り方
1　パンとスライスチーズは斜め半分に切る。パンにバターを塗ってAをのせ、温めたオーブントースターでチーズが溶けるまで焼く。

> **メモ**　チーズをたっぷりにしたいなら、ピザ用チーズがおすすめ。こちらも、パンをバゲットにしても。キムチが苦手なら、ほかの発酵食品、納豆や高菜漬けでぜひ作ってみてください。

4章

豆腐・大豆製品で

冷ややっこ、温やっこはもちろんのこと、
豆腐を焼く、揚げるつまみは、お酒の時間に欠かせません。
豆腐は、ごはんのおかずにはなりにくいけれど、
お酒にはドンピシャリ。適度にお腹を満たしてくれて、
お酒の種類をあまり選ばない、万能つまみです。
豆腐は油をからめれば、淡泊な味も肉のような味わいになり、
油揚げや厚揚げには薬味を合わせると、一層香ばしさが増します。
肉や魚のつまみの間に、または野菜のつまみの間に豆腐をはさむと、
とてもバランスのいいつまみ献立になりますね。

豆腐・大豆製品 >>> （　　　日本酒と　　　） >>>
のつまみで

揚げ出し豆腐（p.106）と、
焼きそら豆（p.72）には塩を添えて。

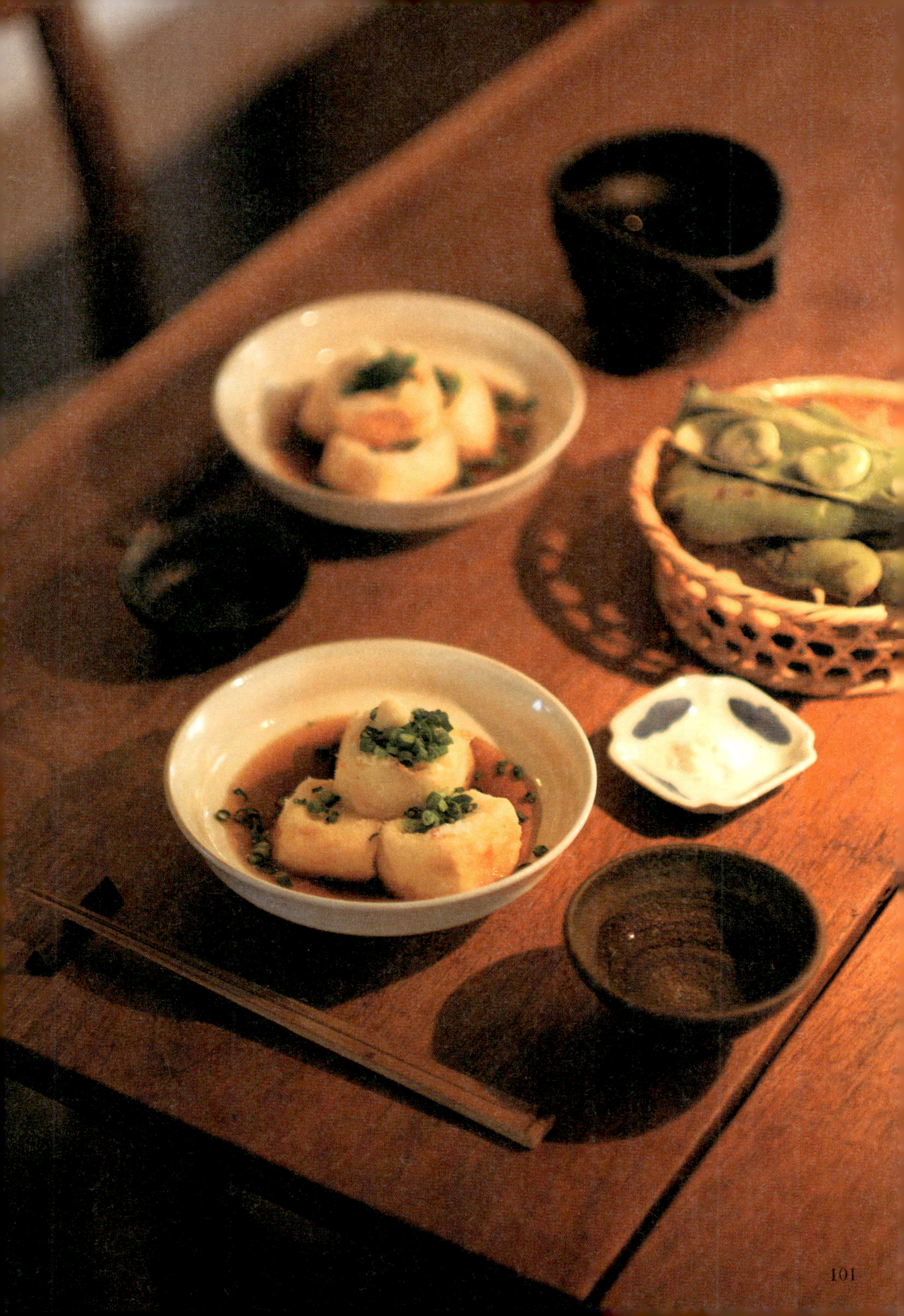

豆腐ステーキ

材料（2人分）
絹ごし豆腐 ── 1丁（300g）
えのきだけ ── 小½袋
生しいたけ ── 4枚
にんにく（みじん切り）── ½かけ
しょうゆ ── 小さじ⅓
塩、小麦粉、オリーブ油 ── 各適量
青じそ（せん切り）── 2枚

作り方
1　豆腐はキッチンペーパーにのせ、10分ほど水きりする。えのきは根元を落として2cm幅に、しいたけは縦半分に切って薄切りにする。
2　豆腐は厚みを半分に切り、塩をふって小麦粉を全体にまぶす。オリーブ油大さじ1を熱したフライパンに入れ、中火で両面をこんがりと焼き、器に盛る。
3　フライパンにオリーブ油小さじ2を足し、にんにくを弱めの中火で香りが出るまで炒め、きのこを加えてしんなりしたら、しょうゆをふる。2にのせ、青じそを散らす。

> **メモ**　豆腐の上にのせる具は、炒めたベーコンや長ねぎなど、冷蔵庫にあるものを組み合わせてみてください。豆腐は木綿でも。粉をつけて表面だけこんがりと焼けば、外側はカリッ、中はふわんと、豆腐らしいやわらかな口あたりに仕上がります。

豆腐とわかめのコチュジャンあえ

材料（2人分）
絹ごし豆腐 —— 1丁（300g）
わかめ（戻したもの）—— 50g
にんじん —— 1/4本
長ねぎ —— 4cm
A ┌ ごま油 —— 小さじ2
　├ コチュジャン —— 小さじ1
　└ しょうゆ —— 少々

作り方
1　豆腐はキッチンペーパーで包み、重し（底が平らな器など）をのせて20分ほど水きりする（p.73参照）。わかめはひと口大に切り、にんじんと長ねぎはせん切りにする。
2　ボウルに豆腐を大きめにちぎって入れ、わかめと野菜、Aを加えてあえる。

メモ　豆腐は、ぜひ絹ごしで。白あえのイメージで作ってみてください。コチュジャンの辛みがお酒に合います。辛みを控えたい時には、コチュジャンの代わりにみそとラー油少々で作ります。

豆腐入りお好み焼き

材料
（4〜5人分／直径18cmのもの2枚）
豆腐（絹ごし、木綿どちらでも） ── 1丁（300g）
豚バラ薄切り肉 ── 100g
長ねぎ ── 1本
玉ねぎ ── ½個
エリンギ ── 大1本
A ｛ 卵 ── 1個
　　塩 ── 小さじ½
小麦粉 ── ⅓〜½カップ
サラダ油 ── 大さじ2
中濃ソース、青のり、紅しょうが ── 各適量

作り方
1　長ねぎは4cm長さに切って縦3〜4等分に、玉ねぎは1cm幅に切ってほぐす。エリンギは4cm長さの薄切りに、豚肉は3cm幅に切る。
2　ボウルに豆腐、1、Aを入れてざっくりと混ぜ、小麦粉を2〜3回に分けて加え、豆腐の水けで粉を溶くように混ぜる。
3　フライパンにサラダ油の半量を熱し、2の半量を入れて広げ、中火で両面をこんがりと焼く。残りも同様に焼き、器に盛ってソースをかけ、青のりと紅しょうがをのせる。

メモ　ソースの代わりにポン酢じょうゆや、黒酢としょうゆを混ぜたものもおすすめ。粉と豆腐がなじみにくい時は、軽く混ぜたら5〜6分おいて、豆腐から水けが出てくるのを待ち、それから混ぜるといいです。

豆腐から作る油揚げ

材料（2〜3人分／6〜7枚）
豆腐（絹ごし、木綿どちらでも）
　── 1丁（300g）
揚げ油、塩 ── 各適量

作り方
1　豆腐は2cm厚さに切り、キッチンペーパーに間隔をあけて並べ、上からもペーパーをかぶせて重し（底が平らな器など）をのせ、30分ほど水きりする。
2　厚みが半分くらいになったら、中温（170℃）の揚げ油でカリッと揚げる。揚げたてに塩をふって食べる。

> **メモ**　お豆腐屋さんで、揚げたての油揚げを食べさせてもらったことがあり、そのおいしさにうちでも作ってみたいと思い、試してみました。お豆腐屋さんの油揚げのようにはいかないけれど、アツアツのおいしさは格別です。ごま油、オリーブ油、菜種油など、揚げ油によっても味わいが違うので、ぜひ試してみて。水きりの手間を省く時は、厚揚げを薄く切って揚げて作ることもあります。

揚げ出し豆腐

材料（2人分）
絹ごし豆腐 —— 1丁（300g）
めんつゆ（ストレート） —— 1/3カップ
万能ねぎ（小口切り） —— 3〜4本
しょうが（すりおろす） —— 1かけ
塩、片栗粉、揚げ油 —— 各適量

作り方
1　豆腐はキッチンペーパーで包み、重し（底が平らな器など）をのせて20分ほど水きりする（P.73参照）。
2　6等分に切って塩をふり（a）、片栗粉を全体にしっかりめにまぶし（b）、中温（170℃）の揚げ油で時々返しながら、表面がカリッとするまで揚げる（c）。
3　器に盛ってめんつゆを注ぎ、万能ねぎとしょうがをのせる。

(a)

(b)

(c)

メモ　めんつゆは市販品、手作りのもの、どちらでも。手作りする時には、だし汁1カップにしょうゆ、みりん各大さじ1 1/2、塩少々を合わせて、ひと煮立ちさせます。めんつゆ以外に、甘酢にしょうゆや赤唐辛子を加えた南蛮漬け風な味つけもおすすめです。

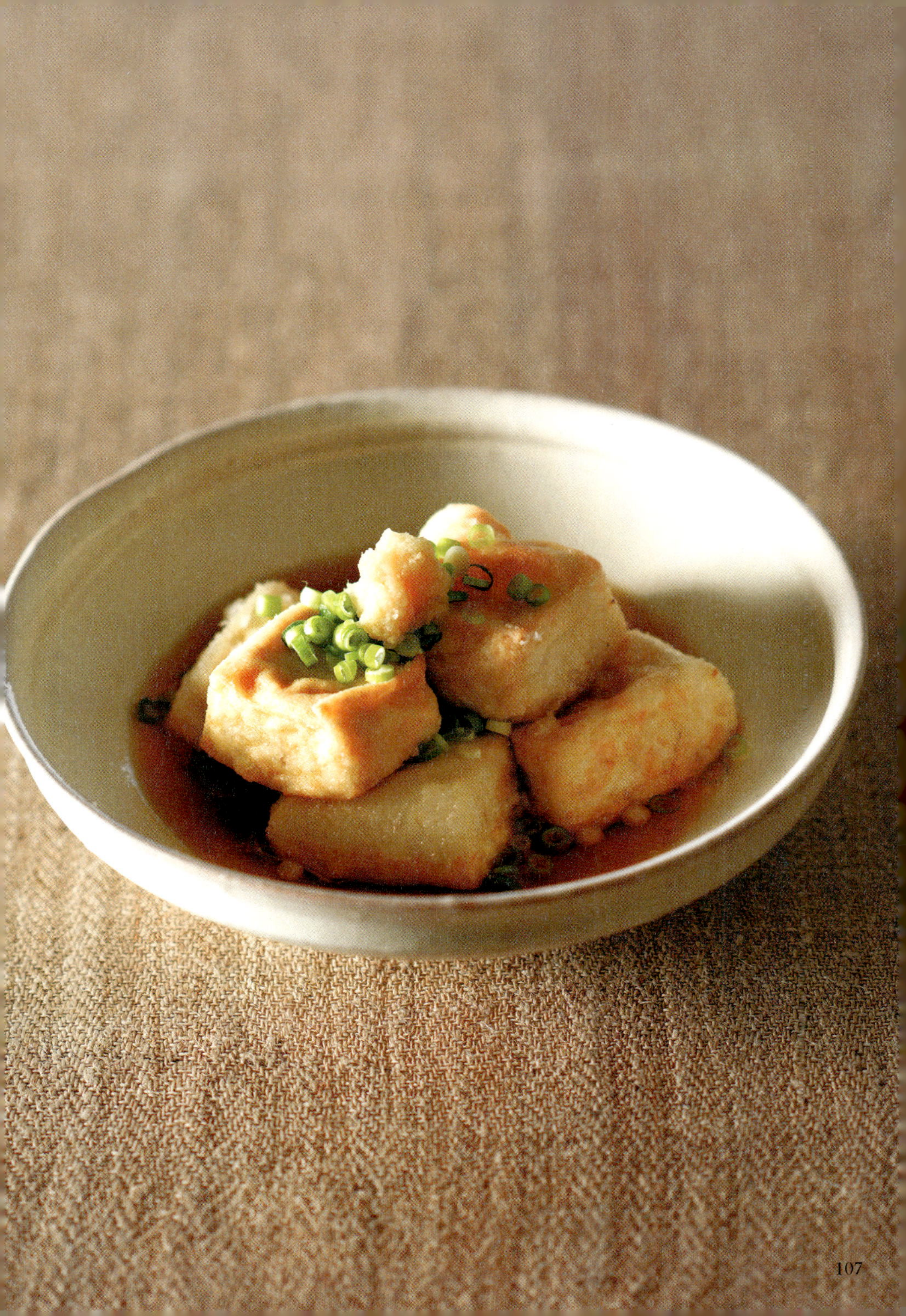

油揚げの玉ねぎみそチーズ焼き

材料（2人分／2個）
油揚げ —— 1枚
A ┃ 玉ねぎ —— 小½個
　┃ ピザ用チーズ —— 40g
　┃ みそ —— 小さじ2

作り方
1　油揚げは半分に切り、袋状に開ける。玉ねぎは薄切りにし、水に5分ほどさらして水けをきる。
2　ボウルにAを入れて混ぜ、油揚げに詰めて口をようじでとめる。何もひかずに熱したフライパンに入れ、中火で両面をこんがりと7〜8分焼く。半分に切って器に盛る。

> **メモ**　お酒飲みの友人から教わった味。チーズとみその味が、油揚げによく合います。新玉ねぎの場合は、水にさらす必要はなし。玉ねぎを長ねぎや万能ねぎにかえて作ってもおいしい。夏ならみょうが、青じそとの組み合わせもおすすめです。

あぶり厚揚げのねぎのせ

材料（2人分）
厚揚げ ── 小2枚
長ねぎ ── 1/3本
しょうが ── 1かけ
削り節、しょうゆ ── 各適量

作り方
1　長ねぎは薄い小口切りにし、水に5分ほどさらす。しょうがはせん切りにする。
2　厚揚げは水けをふき、温めたオーブントースター（または魚焼きグリルなど）で全体をこんがりと焼き、ひと口大に切る。水けをきった長ねぎ、しょうが、削り節をのせ、しょうゆをかけて食べる。

> **メモ**
> 味はポン酢じょうゆや、ポン酢じょうゆにみそを合わせた、みそポン酢もおすすめ。厚揚げは魚焼きグリルなら、表面の角の部分がこんがりと焼けるくらい、グリルパンや焼き網なら、焦げめが筋模様につくくらいに焼きます。パック入りの厚揚げは、表面に水けがついている時があるので、焼く前にキッチンペーパーでふきとってください。

たくあん、まぐろ、黄身のせ納豆

材料（2人分）
納豆 —— 1パック（45g）
たくあん —— 2cm
まぐろの刺身 —— 6切れ
卵黄 —— 1個分

作り方
1　たくあんは細切りにし、まぐろは細かくたたく。
2　器に納豆、1、卵黄を盛り、しょうゆをかけて混ぜて食べる。

> **メモ**　まぐろの代わりに、いかやほたての刺身、ちくわやかまぼこ、焼きのり、わかめもおすすめ。塩けのあるものが入る時には、たくあんをはずして、長ねぎやみょうが、青じそ、かいわれ、エシャロットなどの薬味野菜をたっぷりと入れます。

納豆チヂミ

材料
（4～5人分／直径18cmのもの2枚）
- 納豆 —— 1パック（45g）
- にら —— 6本
- A
  - 卵 —— 1個
  - だし汁（または水） —— ½カップ
  - 小麦粉 —— ½カップ
  - 片栗粉 —— 大さじ2
  - 塩 —— ふたつまみ
- サラダ油 —— 大さじ1

作り方
1　納豆は細かく刻み、にらは2cm幅に切り、Aとともにボウルに入れ、よく混ぜる。
2　フライパンにサラダ油の半量を熱し、1の半量を入れて薄く広げ、中火で両面をこんがりと焼く。残りも同様に焼き、食べやすく切って器に盛り、酢じょうゆやポン酢じょうゆをつけて食べる。

メモ
生地を薄く焼くのがポイント。何度も返さずに、生地のふちがカリカリッと香ばしく焼けてきたら、返しどき。片面ずつしっかりと焼きつけます。具材は冷蔵庫にある長ねぎ、玉ねぎ、にんじんなど、手軽なもので作ります。野菜なしで、のり、おかか、チーズとの組み合わせもお試しを。

5章

卵・チーズで

冷蔵庫に常備してある卵は、突然のお客さまの時や、
小腹がすいている時のつまみとして大活躍。
そしてチーズは、レシピを書くほどのものではないけれど、
日々お世話になっているので、あえて紹介させていただきました。
仕事でお昼ごはんが遅くなってしまった日など、
夕飯は食べられないけれど、一杯飲みたいなという時にチーズ登場。
みそをつけ、のりで巻き、りんごやドライフルーツがあれば、
一緒に口に放り込む。至福の一杯。
先日も電車での旅の際、お土産に買ったチーズに、
旅先でいただいた手作りみそをつけて食べたら、もう止まらず。
ちびちび飲む時には、チーズはサイコーです。

卵・チーズの >>> （　　　赤ワインと　　　） >>>
つまみで

スパニッシュオムレツ（p.117）、
りんごチーズ（p.118）、
チーズのオイル漬け（p.119）に、
バゲットを添えて。

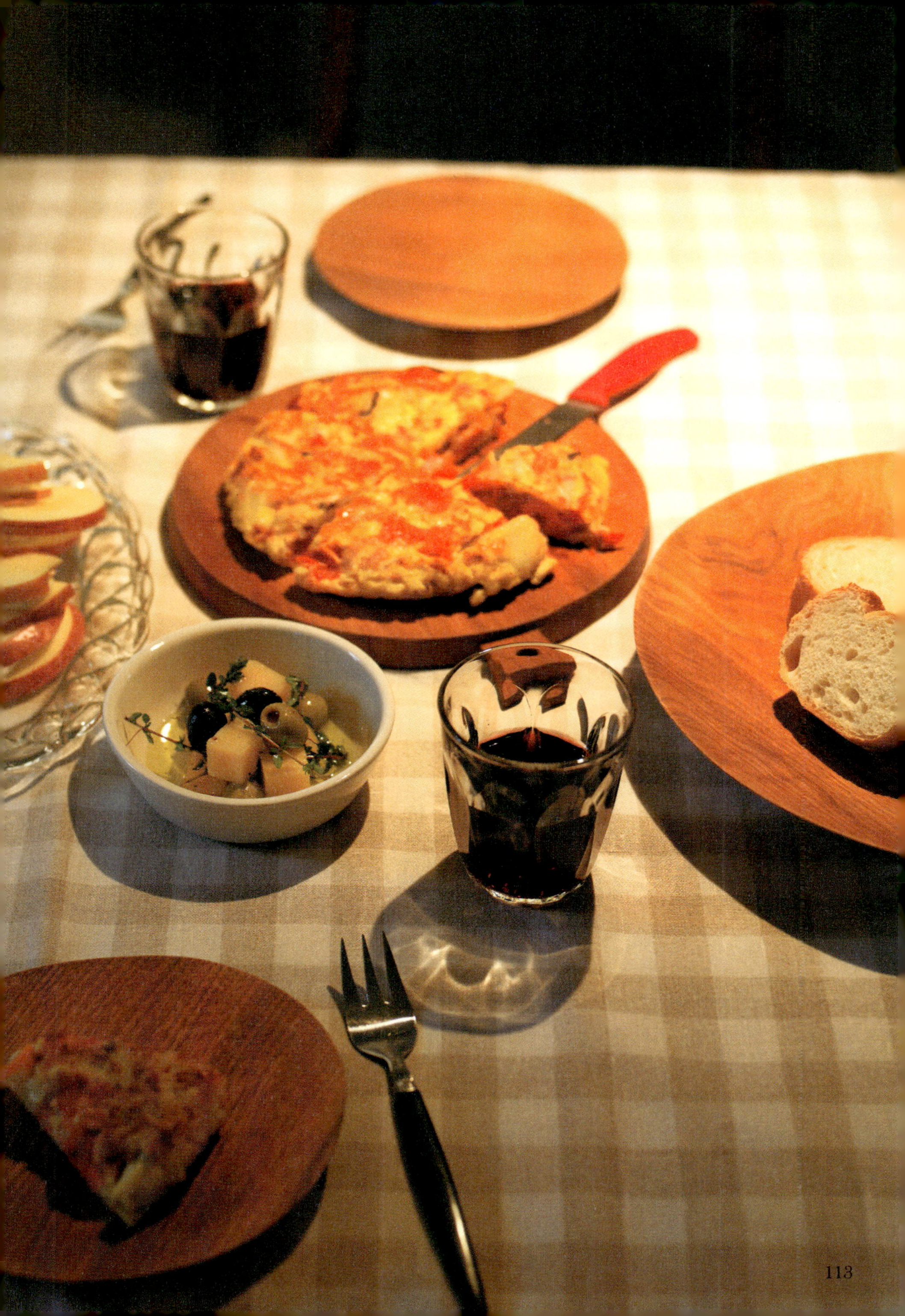

ゆで卵のアンチョビ、ツナ、サルサソースのせ

材料（2人分）＊サルサソースは作りやすい分量
卵 —— 3個
アンチョビ（フィレ）—— 1枚
A ┌ ツナ缶（汁けをきる）
　│　　 —— 小½缶（40g）
　│ マヨネーズ —— 小さじ2
　└ こしょう —— 少々
B ┌ トマト（5mm角に切る）—— 1個
　│ 玉ねぎ（5mm角に切る）—— ⅛個
　│ ピーマン（5mm角に切る）—— 小1個
　│ レモン汁 —— ¼個分
　└ 塩 —— 小さじ¼

作り方
1　卵は室温に20分ほどおいて鍋に入れ、ひたひたの水を加えて火にかけ、12〜13分ゆでて冷水にとって殻をむく。Bは合わせ、15分ほどおく。
2　ゆで卵は半分に切り、白身の底の部分を平らになるように少し切って器に盛り、ちぎったアンチョビ、混ぜたA、Bをそれぞれのせる。

サルサソース

メモ　サルサソースは作り置きできるので、びんなどで保存し、白身魚やほたて、たこの刺身にかけても。カリッと焼いたバゲットや、オムレツにかけてもおいしい。冷蔵室で保存し、日持ちは3日くらい。

ニース風サラダ

材料（2人分）
卵 — 2個
いんげん — 6本
グリーンアスパラ — 2本
じゃがいも — 1個
プリーツレタス — 3〜4枚
{ 食パン（8枚切り） — ½枚
  オリーブ油 — 小さじ1
A { マヨネーズ、オリーブ油
      — 各大さじ1
  ケチャップ — 小さじ2
  白ワインビネガー（または酢）— 小さじ1
  粗びき黒こしょう — 少々

作り方
1　卵はゆでて殻をむき（左ページ参照）、縦6〜8等分に切る。食パンは7〜8mm角に切り、フライパンに入れてオリーブ油を回しかけ、中火でカリカリに炒める。
2　いんげんとアスパラは塩ゆでし、食べやすく切る。じゃがいもは皮つきのまま水からやわらかくゆで、皮をむいてひと口大に切る。レタスは食べやすくちぎる。
3　器に1、2を盛り、混ぜたAをかける。

メモ　サラダにボリュームをつけたい時に、よく使うのがクルトン。うちでは、サンドイッチを作る際に切り落としたパンの耳を冷凍保存しておき、それを切ってクルトンを作ります。

厚焼き卵

材料（2人分）
卵 — 3個
A ｛ 砂糖 — 大さじ1
　　薄口しょうゆ — 小さじ1
サラダ油 — 小さじ2

作り方
1　卵は割りほぐし、Aを加えて混ぜる。
2　卵焼き器（またはフライパン）を熱してサラダ油をなじませ、1の¼量を流し、強めの中火で軽く混ぜながら焼き、半熟状になったら向こう側に寄せる。
3　あいたところに卵液の⅓量を流し、卵焼きの下にも流し、焼けてきたら卵焼きを芯にして巻く。これをあと2回くり返し、食べやすく切って器に盛る。

メモ　さっと作れて、いつも冷蔵庫にある卵だけでできるから、とりあえずのつまみとしてよく作ります。大根おろしや、わさびを添えても。私が甘い卵焼きが好きなので、砂糖を多めに入れますが、好みで調整してください。フライパンで作る時は、直径18〜20cmの小さめのものが焼きやすいです。

スパニッシュオムレツ

材料
（3〜4人分／直径 18cm のもの 1 枚）
- 卵 — 3 個
- A｛ 砂糖、塩 — 各ふたつまみ
- じゃがいも（1cm 角に切る） — 1 個
- トマト（2cm 角に切る） — 中 1 個
- B｛
  - ベーコン（細切り） — 2 枚
  - 玉ねぎ（薄切り） — 1/4 個
  - にんじん（細切り） — 1/4 本
  - エリンギ（3cm 長さの薄切り） — 小 1 本
- 塩、こしょう — 各少々
- オリーブ油 — 適量

作り方
1　フライパンにオリーブ油小さじ 2 を熱し、B をさっと炒め、塩、こしょうをふる。じゃがいもは電子レンジで 3 分ほど加熱する。

2　ボウルに卵を割りほぐし、A を混ぜ、1、トマトを加えて混ぜる。

3　フライパンにオリーブ油大さじ 1 を熱し、2 を一気に流して中火で大きく混ぜて焼く。底が焼けて半熟よりやや火が通ったら、ふたや平らな皿にすべらせるようにして移し、フライパンをかぶせて返し（やけどに注意）、裏面も焼く。食べやすく切って器に盛る。

> **メモ**　焦げそうな時は、卵のふちからオリーブ油を足しながら焼くと、全体にしっかり火が通ります。具に決まりはありません。冷蔵庫の中にある、好みのもので作ってみてください。ただし、水けの多いものばかり入れると、卵が形よく焼けないので気をつけて。

みそのせチーズ >>>

材料と作り方
プロセスチーズは食べやすく切り、みそをつけて食べる。

のりチーズ

材料と作り方
クリームチーズは食べやすく切り、細く切った焼きのりを巻いて食べる。

りんごチーズ

材料と作り方
白かびタイプのチーズ（ブリーやカマンベールなど）は薄くスライスし、皮つきのまま薄く切ったりんご2枚ではさむ。

メモ

お恥ずかしいほど簡単なつまみですが、これこそ、さっと食卓に出せるつまみの代表。チーズはビールやワインはもちろんのこと、みそやのりを合わせることで日本酒にも合うから、冷蔵庫に欠かせません。りんごチーズは、大人はつまみに、子どもにはおやつとして。わが家では家族で楽しむ組み合わせなので、最近娘が作ってくれます。

チーズのオイル漬け

材料（作りやすい分量／4〜5人分）
パルメザンチーズ —— 130g
オリーブ（黒、緑）—— 各5個
タイム（生）—— 1枝
黒粒こしょう（粗く砕く）—— 小さじ½
オリーブ油 —— 適量

作り方
1　パルメザンチーズは2cm角に切り、清潔なびんに入れる。オリーブ、1本ずつ切り分けたタイム、黒こしょうを加え、オリーブ油をひたひたまで注ぐ。

メモ
作りたてよりも、3〜4日おいて、なじんでからが食べごろ。オイルがしっかりかぶっていれば、室温で10日ほど保存可能。長くおくとチーズが崩れてくるので、オイルごとパンやパスタ、サラダにかけます。残ったオイルは、サラダや炒めものに。チーズはカマンベールなど、好みのもので作ってください。香りはローリエ、生のローズマリーやバジル、にんにくをつぶしたものもおすすめです。

焼きカマンベール

材料（作りやすい分量／4〜5人分）
カマンベールチーズ ── 1個
食パン ── 適量

作り方
1　食パンは細く切り、トースターなどでこんがりと焼く。

2　カマンベールは上面にナイフで1周切り込みを入れ、耐熱の器に入れ、温めたオーブントースターで20分ほど焼く。全体にやわらかくなったら、上の皮の部分をはずし、溶けたチーズを1につけて食べる。

> **メモ**
> チーズがとろけるまで焼くのは、意外に時間がかかります。まずオーブントースターにチーズをセットし、焼いているうちに何品かつまみを作りながら、チーズが溶けるのを待ちましょう。あせるばかりに、溶けきっていないチーズを食べては、もう少し待っていればと反省すること多々。チーズがかたくなってきたら、またトースターで焼いて、やわらかくしながら食べてください。パン以外に、生のスティック野菜やゆで野菜をつけても。

そばチーズ

材料（2人分）
そば（乾麺）—— 120g
パルメザンチーズ —— 40g
オリーブ油、めんつゆ（ストレート・p.106参照）
　　—— 各大さじ1〜2

作り方
1　そばは熱湯でゆで、流水で洗って水けをきる。
2　ボウルに1を入れ、チーズを削りながら加え（仕上げ用に少し残す）、オリーブ油とめんつゆを加えてあえ、器に盛る。残りのチーズを削ってのせ、よく混ぜて食べる。

メモ　そばはかためにゆでるより、袋の表示通りにしっかりゆでたほうが、チーズと合います。昼に食べたそばの残りで作ってもおいしかったのは、削りたてのチーズのおかげかな。香りも味も、その場で削るチーズが、贅沢に仕上げてくれます。

6章

お酒のあとの〆(しめ)

ごはんなら、おむすびが男女を問わずいちばん人気。
「〆は何にする?」と聞くと、
小さくにぎった塩むすびか、焼きおむすびの声が上がります。
男性には、汁めんをリクエストされることも多い。
そして、〆といっていいのかわかりませんが、
夫や夫の友人たちは、スパゲッティや焼きそばを好みます。
〆て、また飲む。夜な夜なお酒の時間が続きます。

焼きおむすびとねぎみそ汁

焼きおむすび

材料（2人分／4個）
温かいごはん —— 茶碗に山盛り2杯
塩、しょうゆ —— 各適量
サラダ油（またはごま油）—— 小さじ1

作り方
1　ごはんは4等分し、塩少々をつけて好みの形ににぎる。
2　フライパンにサラダ油を熱し、1を入れて中火で両面をこんがりと焼きつけ、しょうゆをたらしてひと焼きしてでき上がり。

> **メモ**　焼きおむすびは、しょうゆをたらすと焦げやすくなるので、その前に全体に焦げめをつけておきます。焼き網や魚焼きグリルで焼いてもいいですが、なかなかうまく焼けずに、フライパンで焼くようになりました。焦げめの調整も、簡単ラクチンです。みそ汁の具は、あるもので。つまみにみそ味のものがあったら、吸いものにしてもいいですね。

ねぎみそ汁

材料（2人分）
長ねぎ —— 10cm
だし汁 —— 1 ½カップ
みそ —— 小さじ2〜大さじ1

作り方
1　長ねぎは1cm幅の小口切りにし、だし汁とともに鍋に入れて火にかけ、長ねぎがやわらかくなったらみそを溶く。

鮭茶漬け

材料（2人分）
ごはん —— 茶碗に軽く2杯
鮭フレーク（びん詰）—— 大さじ4
お茶漬け用あられ —— 小さじ2
みつば（細かく刻む）、おろしわさび
　　—— 各少々
お茶 —— 適量

作り方
1　大きめの茶碗にごはんを盛り、鮭フレーク、あられ、みつばをのせ、熱いお茶をかける。わさびを添えて食べる。

メモ
焼きのり、梅干し、たらこ、明太子でも。だし汁をかけるのもおすすめです。鮭フレークは、市販のものでもいいですが、塩鮭を焼いてほぐしたものを常備しておくと便利です。あられはお茶漬けのほか、混ぜごはんや吸いもの、揚げもののころもにも使うので、うちでは常備品のひとつです。

鶏にゅうめん

材料（2人分）＊スープは作りやすい分量
そうめん —— 1束（50g）
鶏スペアリブ（手羽中を半分に切ったもの）
　　　—— 12本
ナンプラー —— 小さじ1〜2
塩 —— 少々
しょうが（せん切り）—— ½かけ
すだち —— 輪切り2枚

作り方
1　鍋に水1.5ℓと鶏肉を入れて火にかけ、煮立ったら弱火で20分ほどゆでる。途中でアクが出たら、ていねいに除く。
2　別の鍋に1のゆで汁2カップを入れて温め、ナンプラーと塩で味つけし、スープを作る。
3　そうめんを熱湯でゆで、流水で洗って水けをきり、2に加えてひと煮する。器に盛り、1の鶏肉、しょうがとすだちをのせる。

> **メモ**　鶏のスープは、ストックしておくと便利なので、多めのレシピになっています。スープと肉を分けて冷蔵室で保存し、日持ちは3日くらい。スープはほかのスープ作りや、鍋もののだしとして使い、肉はほぐして、サラダやあえものに使います。

ザーサイ・ねぎのせラーメン

材料（2人分）
中華生めん（スープつきのもの）── 1玉
味つきザーサイ（びん詰）
　── 1/5びん（20g）
長ねぎ ── 4cm
白いりごま ── 少々

作り方
1　ザーサイと長ねぎはせん切りにし、合わせておく。
2　スープは中華めんに添付のもので作り、器に盛る。めんを袋の表示通りにゆで、湯をきってスープに加え、1をのせて白ごまを散らす。

> **メモ**　中華めんは、塩またはしょうゆ味で、スープは添付のものを利用しましょう。トッピングは、生のにらと白ごまもおすすめです。ザーサイのほかに、キムチや高菜漬け、白菜漬けでも。

ひじきスパゲッティ

材料（2人分）
スパゲッティ —— 160g
A ┌ 芽ひじき（乾燥）—— 大さじ2
　├ ツナ缶（缶汁ごと）—— 小1缶(80g)
　├ 梅干し（たたく）—— 1個
　├ 万能ねぎ（小口切り）—— 3本
　└ オリーブ油 —— 大さじ1 ½

作り方
1　ひじきはたっぷりの水につけて戻し、熱湯でさっとゆでて湯をきる。大きめのボウルにAを入れ、軽く混ぜる。
2　スパゲッティは塩大さじ1～2（分量外）を加えた熱湯でゆで、湯をきり、熱いうちに1に加えてあえる。

メモ　うちではスパゲッティをお箸で食べることもあり、その時は半分の長さに折ってゆでます。ひじきの代わりに焼きのりやわかめ、薬味野菜は青じそ、かいわれでも。ツナはオイル漬け、水煮のどちらを使っても作れます。

1964年、東京生まれ。高校3年間を長野で過ごし、現在は、海辺の街に夫と小学生の娘とともに暮らす。日々の暮らしの中から生まれる、身近な材料で作る無理のないレシピが人気。今回は、いつも楽しんでいるつまみを中心に、夫の得意メニュー、お酒好きの友人からヒントを得て生まれたものなども合わせて紹介。ここ最近のブームは、シャンパン時々日本酒で、毎夜つまみとともに楽しんでいる。著書に『常備菜』『主菜』(ともに小社刊)、『野菜を食べるスープ』(学研) など多数。

飛田和緒
ひだ　かずを

アートディレクション・デザイン
佐藤芳孝

撮影
吉田篤史

スタイリング
久保原恵理

構成・取材
相沢ひろみ

校閲
滄流社

編集担当
足立昭子

つまみ

著　者／飛田和緒
編集人／泊出紀子
発行人／黒川裕二
発行所／株式会社 主婦と生活社
　　　　〒104-8357　東京都中央区京橋 3-5-7
　　　　tel.03-3563-5321（編集部）
　　　　tel.03-3563-5121（販売部）
　　　　tel.03-3563-5125（生産部）
印刷所／凸版印刷株式会社
製本所／株式会社若林製本工場

落丁・乱丁の場合はお取り替えいたします。お買い求めの書店か、小社生産部までお申し出ください。
Ⓡ 本書を無断で複写複製（電子化を含む）することは、著作権法上の例外を除き、禁じられています。
本書をコピーされる場合は、事前に日本複製権センター（JRRC）の許諾を受けてください。
また、本書を代行業者等の第三者に依頼してスキャンやデジタル化をすることは、たとえ個人や家庭内の利用であっても一切認められておりません。
JRRC（http://www.jrrc.or.jp　Eメール：jrrc_info@jrrc.or.jp　tel：03-3401-2382）

©KAZUWO HIDA 2014 Printed in Japan
ISBN978-4-391-14464-2

お送りいただいた個人情報は、今後の編集企画の参考としてのみ使用し、他の目的には使用いたしません。
詳しくは当社のプライバシーポリシー（http://www.shufu.co.jp/privacy/）をご覧ください。